아직도 시계탑 아래 서 있습니다

황원교 시집

상상인 시선 051

아직도
시계탑 아래
서 있습니다

시인의 말

마냥 내리막길인 줄 알았는데…
눈앞에
치명적 도약이 기다리고 있을 줄이야

2024년 가을날
와유당臥遊堂 황원교

차례

1부 타블라 라싸

소금 자국	19
입춘첩立春帖	20
말의 시작	22
까고 있다	24
거울 사막	26
타블라 라싸	27
범종 소리로 날아든 뻐꾸기	28
바람피리	30
낮잠 속의 꿈	33
포시도니아	34
가을밤 2	36
지나온 발자국이 모두 봄	37
스카이 댄서	38
고양이와 잔나비와 나비	40
기억과 망각의 힘	42

2부 카르페 디엠

타오르는 별	47
로댕의 생각하는 사람에게	48
강을 건너는 바람	50
겨울밤은 길고 퍼렇다	52
구닥다리 팬덤	54
소리굽쇠	56
스트롱한 첫 발자국	59
연쇄반응	62
21세기의 장자莊子	63
아직도 시계탑 아래 서 있습니다	64
Y를 기억하는 법	67
여항閭巷의 밤 풍경	68
참 알다가도 모르는 일	70
독거獨居	72
가까이 보는 운명이란 극劇	74

3부 아모르 파티

만성 계절병	79
가난한 사랑의 역사	80
녹음과 빨간 장미	81
지구의 목소리	82
추억의 덕수궁 돌담길	84
퍼햅스 러브	86
캣츠아이 성운星雲	89
아직도 사랑에 목이 탄다	90
새벽꿈에 아버지를 만나다	92
결혼식장에서	94
난세의 기도	95
디오라마 속의 박제 사자	96
광주를 지나는 길은 아프다	98
망자亡者에게 보내는 편지	101
아무도 물어가지 않을 말	104

4부 살토 모르탈레

나는 하루에 세 번 무섭다	109
2022년 핼러윈데이	110
살토 모르탈레	112
미스터리	117
단풍나무 아래에서 묻는 11월	118
저승꽃	120
오래된 소원	122
돈오頓悟 2	124
가을과 겨울 사이를 서성이다	126
신新 묵시록	128
허虛, 상喪, 망忘의 궁극적 목표	130
오줌을 지리다	132
어느 시인에게	134
돌을 보듬고 사는 사람들	136
영춘화迎春花	137

해설_사랑 : 타나토스와 에로티시즘 사이에 매개된 존재의 역설 139
김석준(시인·문학평론가)

1부

타블라 라싸

소금 자국

육각형의 벌집에 꿀을 채우는 일벌처럼
너는 늘 선한가 때로는 악한가
아니면 늘 악한가 때로는 선한가

너는 미래를 위해 달려왔는가
아니면 부끄러운 과거를 지우는 데 급급하여
지금도 허튼 비질을 계속하는 중인가

구름의 덧없는 풍부함이 결국 빗줄기와 눈송이로 내리듯
만일 냇물과 강물이 달달하다면
바다는 결코 소금을 만들지 않을 것이다

모든 땀과 눈물 뒤에는 허연 소금 자국이 남듯
생의 고달픔과 괴로움은 핏속에 끈적끈적한 찌꺼기와
뼛속에 숭숭 바람구멍을 남겨 피리 소리를 내게 할 뿐
함부로 해탈과 열반을 말하지 말자!

욕망의 성취에 실패한 현실과 마주할 때
시공을 가득 채운 저 텅 빈 공허만이
죽음과 가장 친한 이웃으로 자리할 뿐

입춘첩 立春帖

마침내 봄
크게 길하고 경사스러운 일이 많이 생기길 기원하며
고택의 솟을대문 양쪽에 큼지막하게 써 붙인
- 입춘대길立春大吉 건양다경建陽多慶

우주의 작은 씨앗 한 알이 빅뱅을 일으켜
한 그루의 생명나무를 만들었듯이
봄의 우듬지마다 폭죽 터지듯
새로운 우주들이 탄생한다

무릇 지상에 존재하는 생명을 가진 모든 것들은
40억 년 전
정말 우연히 등장했다는 원핵세포라는 공통 조상으로부터
나뭇가지처럼 갈라져 나온 직계 후손들이란 사실에 안도하다가도
까마득히 오래된 근친상간의 역사에 대해서는
서로 모른 척하며

저 밤하늘을 수놓는 무수한 별빛 또한

별의 실존을 증거하는 게 아니라
한때 그곳에 존재했음을 보여주는 흔적이며
누구에게나 먼 그리움의 증표로서 빛나고 있으므로
이 푸른 행성을 떠나 돌아가는 날까지
하염없이 바라보며 눈물짓는 것이다

폭발과 팽창, 탄생과 소멸이라는 연속성만 있고
영원한 것은 없다는 것을 머리로는 알면서도
그 거대한 우주의 생명나무 아래에서
우리 모두 선녀를 잃어버린 나무꾼처럼, 그 나무꾼을 버려야 했던 선녀처럼
늘 외롭다고 투정을 부리며

새로운 계절이 시작될 때마다
저마다 가슴팍에 입춘첩 같은 소망들을 꾹꾹 눌러 새긴다
영원히 살 것처럼 아등바등하면서도

말의 시작

너무나 슬픈 일이지만
지금 내 앞에 존재하는 것은 너의 이름뿐
너의 실체가 없다

천장에 매달린 모빌을 바라보던 그 맑은 두 눈으로
허공을 버둥거리던 앙증맞은 두 팔과 두 다리
어느새 면기저귀가 축축하게 젖어 있었다

이윽고
'엄'과 '마'란 분절음이 모여 엄마란 말이 되고
'아'와 '빠'란 분절음이 모여 아빠란 말이 되듯이

비로소 철이 들며
'당'과 '신'이란 분절음이 모여 당신이란 말이 되고
'너'와 '나'란 분절음이 모여 우리란 말이 되듯이

우리가 서로 소통하기 위해
또는 상대방을 설득하기 위해
위험에 닥쳤을 때 도움을 청하기 위해
심한 고통을 당할 때 위로를 받기 위한

모든 절체절명의 순간의 절박감에서 필요했던
최초의 언어는 순수한 몸짓이자
자연 그대로의 외침이었다

그러나
어둠 속에서의 소리 없는 몸짓은 무용한 것이었다
하여 쓸모없는 몸짓 대신에
음성을 분절하여 발음하는 것을 생각해내게 되었다

세상 어느 곳에나 황금률은 있다
다만 우리의 둔감한 오성悟性과 오감五感이
그것을 찾아내지 못할 뿐
불멸의 말을 찾고자 한다면 생을 포기해야 한다

까고 있다

12월의 오후
금천동 사거리 노점 좌판에서
얼굴 주름살 자글자글한 팔순 노파가
쪽파를 까고 있다
대파를 까고 있다
마늘을 까고 있다
양파를 까고 있다
생밤을 까고 있다
토란을 까고 있다
배추 뿌리를 까고 있다
……

그 앞에서
어떤 칠순 노인이 니코틴에 찌든 누런 이를 드러낸 채
연신 어느 부부에 대해 온갖 쌍욕을 퍼부으며
주저리주저리 이빨을 까고 있다

가만히 듣고만 있던 팔순 노파가
마침내 한 마디 툭 던진다
- 좆 까고 있네!

〈
겨울 오후의 다사로운 햇살이
길을 지나가는 사람들의 이마를 까고 있다

입버릇처럼 공정과 상식, 법과 원칙을 구두선으로 내뱉는
후안무치한 저 일족을 까지 않고는 못 배기는 습성들과
영영 밝은 세상이 올 것 같지 않아서인지
사람들은 삼삼오오 모이기만 하면
누군가를 까고 있다

무엇이든지 까발려져야 속이 시원해지고
당사자가 죽어야만 악플과 손가락질과 욕설을 멈추는
아무리 엿 같아도 참아야 하는 세상을 저주하며
걸핏하면 위에서부터 아래까지 죄다
까고 있다

무엇이든 까는 게 일상사가 되어버린
발랑 까진 세상

거울 사막

안데스산맥의 우기에 비가 내리면
세상에서 가장 큰 거울을 만드는
살라르 데 우유니

억겁 전
불쑥 솟아오른 바다 한 조각 산중에 꽁꽁 갇혀
오랜 세월
태양과 바람이 공들여 지어 놓은
거대한 우윳빛 소금창고

비 갠 뒤
멀리 수평선 끝에서 절반을 접은 채
맑고 투명한 수면 위로
데칼코마니처럼 찍어낸
푸른 하늘과 흰 구름

탐욕과 파괴의 곡괭이와 삽을 들고
리튬을 캐내기 시작하는 순간,
금세 쨍그랑 깨져버리고 말
평화의 거울

타블라 라싸[*]

나였던 그 아이는 어디 있을까
아직 내 속에 있을까 아니면 사라졌을까?[**]

한낮의 태양에 숨어버린 무수한 별들과
촘촘한 구멍의 달빛 그물에 걸려
옴짝달싹 못 하는 밤의 새와 물고기들을 생각하며 나는
마지막 남은 순례자처럼 칠흑 같은 지구를 산보한다

왜 우리는 다만 헤어지기 위해 자라는데
그렇게 많은 시간을 썼을까?[***]
그 시절로 다시 돌아갈 수도 돌아가고도 싶지 않은 밤

서편 하늘 어둠 속에서 가장 빛나는 별을 나침반 삼아
배밀이 하는 여리디여린 길짐승처럼
얼마 남지 않은 시간의 길을
발뒤꿈치 들고 살금살금 걷는 중이다

---

[*] 존 로크가 주장하는 백지상태.

[**] [***] 파블로 네루다의 『질문의 책』 연작시 중 44번째 시.

범종 소리로 날아든 뻐꾸기

이제 더는 저 사기꾼의 노랫소리를 좋아하지도 믿지도 않는다
그에 대한 동영상을 보는 순간,
내가 알던 아름다운 동화 속 얘기와 순진한 동심을 무참히 짓밟아버린
뻔뻔하기 그지없는 후안무치를 절대 용서치 않으리라 다짐해놓고도
해거름 무렵,
것대산 어디쯤에서 들려오는 끊길 듯 이어지는 저 뻐꾸기 소리
하필이면 고령산 풍주사 저녁 범종 소리와 겹쳐 맴놀이 할 때
그래, 저것도 살자고 아니 번식을 위한 거룩한 일을 행하는 것뿐인데
그렇게 해서라도 여태 살아남은 거로 생각하니
가슴 한편으로는 짠하고 측은지심이 파도쳐 온다
나 또한 누구이고 어디서 왔으며 어디로 갈지도 모르는
참으로 무지몽매하고 보잘것없는 존재가 아니던가
그렇다면 삼라만상은 물론이고 세상만사 이해 못 할 게 또 무얼까

굳이 법당에 가 앉아있지 않고 불경 한 구절 못 외
워도
저절로 보살이 되어 무릎을 치게 되는
오월의 저녁 무렵

바람피리

땅의 온갖 구멍들을 울리며 나오는
바람은 대지의 피리 소리

밤하늘 숫돌에 뾰족하게 날을 가는 초승달에
살을 베인 바람도 새파랗게 날을 벼린다

그 서슬 퍼런 바람의 칼날에 베인
대지의 풀들이 우는 소리
나무들이 우는 소리
집들이 우는 소리
바위들이 우는 소리
산들이 우는 소리
강들이 우는 소리
바다가 우는 소리
사람들이 우는 소리
짐승들이 우는 소리
새들이 우는 소리
벌레들이 우는 소리
무엇엔가 쫓기는 듯한 발자국 소리
〈

바람은 세상의 모든 구멍을 만날 때
비로소 자신이 가진 목소리를 빚어낸다

구멍과 바람이 한 데 어울려
비로소 아름답고 슬픈 피리 소리를 내는 존재론적 경이
소리는 바람이 내는 것일까 구멍이 내는 것일까
정녕 그것은 바람과 구멍이 마주쳐서 나는 조화의 소리

인뢰人籟가 사람이 입으로 불거나 손으로 타는 악기들의 소리라면
지뢰地籟는 땅이 울리는 갖가지의 소리
그리고 마지막 천뢰天籟는 자연의 온갖 소리로
티베트의 타르초와 룽다처럼
이것은 바람과 바람의 장엄한 마주침으로 현현하다

아무런 구멍도 존재하지 않는 무변 광대한 우주의 무한 적요 속에서도
마주친 바람끼리 매 순간 서로가 구멍 역할을 할 줄 알기 때문에
〈

바람이면서 구멍일 수도 있는 바람!
바람 안의 구멍과 구멍 안의 바람!

이것이 바로 장자莊子가 말하는 천뢰의 실체이며
바람의 철학자인 그의 위대함이 바로 여기에 있다

낮잠 속의 꿈

죽은 자의 방 안에 켜진 수은등처럼
저 창백한 낮달
그 한 켠을 상상의 메스로 절개하면
선홍색 피와 싱싱한 내장이 쏟아져나오리라

쩍 갈라져 속속들이 드러난 그로테스크한 내부를
잠깐의 망설임도 없이 서둘러 바늘과 봉합사로
천의무봉天衣無縫의 솜씨로 감쪽같이 꿰맸다

달콤한 낮잠의 대가로 꾸는 심란한 꿈이지만
 토르의 망치처럼 하늘에서 떨어진 불벼락이 바위를 쪼개버리고
엑스칼리버는 은빛 칼날을 번득이며
썩은 나무들을 단숨에 베어 버린다

때때로 무의식을 한 번씩 헤집어 놓는
잠재의식의 공포스러운 반란이 우리를 버리지 않는 한
그 어떤 꿈이든 삶에 지친 육신과 영혼을 정화하는
카타르시스의 시간으로써 실존한다

포시도니아

지중해 동부 해안
스페인의 작은 섬 포르멘테라 주변 바닷속에서
십만 년 이상을 살아 물살에 넘실거리는
거대한 녹색 허파를 본 적이 있는가?

마치 비너스의 매끈하고 팽팽한 피부 속에서
정맥과 동맥을 잇는 가늘고 미세한 푸른 모세혈관들처럼
한낮에 무시로 빨아들인 이산화탄소를
밤중에 신선한 산소로 바꿔 대기 중에 내뿜는다

1년에 고작 1센티미터씩 성장하는 실낱같은 해초에 불과하지만
지구상에서 가장 오래된 유기체로서
더러워진 물을 여과하고 산소를 무한 생성하는 슈퍼 플랜트로써
바닷물의 미세 필터 역할을 하는 것이다

실제로 1제곱미터의 포시도니아는
아마존 열대우림 1헥타르만큼의 산소를 생산하는 군락이며
위대한 광합성의 공장으로써

지중해를 더욱 푸르고 아름답게 가꾸고 있다

그 반면에 유빙流氷 조각에 올라타 바다 위를 정처 없이 떠도는
굶주린 북극곰의 멍한 눈을 바라본 적이 있는가?
거대 빙붕氷棚이 녹아 갈 곳을 잃고 헤매는 황제펭귄들을 본 적이 있는가?
더 이상의 대기와 바다를 오염시켜서는
우리에게 미래는 없다

이제부터 오대양의 모든 바닷속에 포시도니아를 심자!
그나마 우리 사는 동안에
맑은 대기라도 맘껏 들이키며 살다 가야 하지 않겠는가
우리 아이들이 맑은 공기로 숨을 들이쉬고 내쉬며
맘껏 뛰놀고 미래를 꿈꾸게 해야 하지 않겠는가

가을밤 2

문득문득 아름다운 시구들이 이슬처럼
영혼의 풀잎 위에 한 방울 두 방울 내리는 밤
나는 노래한다

저 어두운 밤하늘의 별들이
저토록 너무 멀리 떨어져 있다는 사실에 소스라치게 놀라
반짝반짝 떨고 있다는 것을

그리고 마침내
별들이 밤새 흘린 눈물이 아침이슬로
거미줄에 조롱조롱 매달린다는 것을

모든 시련과 고난의 강을 건너
정화된 생은
찬란하게 빛나지 않을 수 없다

지나온 발자국이 모두 봄

겨우내 빛바랜 누런 가랑잎들을 밀쳐내며
빼꼼히 얼굴 내민 연보랏빛 봄까치꽃

욕정은 푸른 정맥에 주사된 향정신성의약품처럼
온몸으로 속속들이 퍼져나간다

이렇게 또 봄이 오고,
그리운 얼굴들이 꽃처럼 무장무장 피어난다

시간은 직선운동으로 휘모리장단처럼 달려나가고
시계는 시곗바늘로 원운동을 지속하며 영원을 기약하지만

아아, 보일 듯 보이지 않는 시간의 발자국들을
도무지 따라갈 수가 없구나!

남은 생은 서편 저녁놀을 바라보듯이
제자리에서 발걸음을 동동 구를 뿐

미처 가보지 못한 그 길은
늘 호기심으로 가득할 뿐만 아니라 아름다우리란 것을
나는 믿는다

스카이 댄서

햇볕 쨍쨍한 겨울 아침
신장개업한 모 편의점 앞을 지나가는데
늘씬한 내레이터 모델은 찬바람에 몸을 떨면서도 연신 호객을 하고
스카이 댄서는 풀썩 주저앉았다 일어서기를 반복하며
딴엔 신명 난 듯이 춤추고 있다

불어라 바람아!
내 몸에 바람을 넣어다오
미친 듯이 따스운 바람을 넣어다오, 라고
소리치는 듯이

저렇게 춤추듯이 이리저리 흔들리며
세상 사람들의 시선을 유혹하고자 하는 것은
언젠가 용오름 하는 날을 꿈꾸기 때문이리라

오직 밥벌이를 위해서
내레이터 모델은 사람들을 불러 모으고
스카이 댄서는 시종 똑같은 스타일의 춤을
연속하여 추고 있다

〈
　겨울 햇볕과 지나는 사람들을 열심히 낚는 중인 내레이터 모델을 두고
　어느덧 바람과 정분난 팔다리 길쭉길쭉한 풍선 인형의 하모니가
　마침내 하늘에서 하얀 눈발을 불러 내린다

고양이와 잔나비와 나비

고양이가 높은 데로 오르거나 내려올 때
제아무리 가벼이 오르거나 부드럽게 착지를 한다 해도
절대로 호랑이가 될 수 없듯이

잔나비가 이 나무 저 나무 위를 폴짝폴짝 뛰어넘어 다녀도
나풀나풀 허공을 가벼이 날아다니는 나비가 될 수 없듯이

나비가 지상의 온갖 예쁜 꽃들을 찾아다니며 다디단 꿀을 빨아대도
경국지색 서시와 천하절색 양귀비가 될 수 없듯이

장자는 자신이 나비가 된 꿈을 꾼 건지
나비가 자신을 꿈꾼 것인지 모르겠다며 비몽사몽한 언설을 남겼다

세상엔 할 수 없는 것과 될 수 없는 것이 분명히 있다

하지만 우리 사는 동안에
고층아파트 옥상에서 심심풀이로 던져진 나비란 이름의 고양이가

나무 꼭대기에서 한순간 삐끗하여 떨어진 잔나비가
 푸른 허공을 자유롭게 날다 어처구니없이 거미줄에 딱 걸린 나비가
 맞닥뜨렸을 절망의 크기와 심연쯤은
 사람이라면 한 번쯤은 헤아리며 살 수 있어야 하지 않을까

기억과 망각의 힘

우리는 모두
기억하는 순간, 함께 살아 있음을 확인할 수 있고
망각하는 순간, 죽음을 미리 체험하는 것과 같다

기억의 힘은 세다
잊지 않고 기억함으로써 죽은 자들은
영원히 살아 있다

망각의 힘도 세다
기억하지 않고 잊어버림으로써 산 자들은
서서히 죽어간다

그리하여 끊임없이
기억과 망각의 골짜기를 오가는 일생

절대로 기쁜 일만을 생생하게 기억하게 해달라거나
제발 나쁜 일만은 새까맣게 잊게 해달라고 소망하거나
기도하지도 말자

산다는 건

매일매일 기차들이 지나다니는 간이역에서
한 번쯤 반가운 손님이 플랫폼을 걸어 나오는 풍경을 보기 위해
그곳에 모든 오감을 붙들어 두는 일

죽은 자의 희생과 헌신으로 산 자가 존재하듯이
산 자의 기억과 추모로 죽은 자는 언제든 부활한다
고로 삶과 죽음은 항상 공존하는 것

우리는 모두
기억하는 순간, 함께 살아 있음을 확인할 수 있고
망각하는 순간, 죽음을 미리 체험하는 것과 같다

* 2022.10.29. 이태원 참사 때 골목에 붙여진 문구.

2부

카르페 디엠

타오르는 별

활활 타오르는 동안은 새까맣게 모른다
언젠가 숯덩이와 재가 되어
가뭇없이 사라질 것이란 걸

아, 그리운 자궁이여!

타오르는 불덩이들로 흐르는 저 은하수를 건너
절대 자유와 절대 고독의 너에게로
우리 모두 다시 돌아가리라

로댕의 생각하는 사람에게

생각해보면
인간이란 너무나 위대하면서도 하찮은 존재가 아닌가

한 가지 위안이라면
누구나 자기 뒤에 텅 빈 공간을 지니고 있음으로
미지의 신비감을 자아낸다는 점이다

그러므로 어린아이건, 어른이건, 노인이건
모두 다 신비로운 것에 매료되기 마련이다
상대방의 겉모습이 어떠하든지 간에 상관없이

지금 그리고 앞으로도 영원히, 라는 말이
얼마나 허황한 수사修辭인가는
시간의 흐름과 함께 자연히 드러나게 되는 법

부인하려 해도 할 수 없는 나와 또 다른 나의 현실은
 침대에서 세상 끝까지의 거리가 겨우 두 걸음밖에 되지 않는
 의지와 믿음의 거리로 상존할 뿐
 〈

온몸의 불구로 본능적인 구실을 못 하는
불운을 극복할 묘책이 없다는 것이 답답한 현실이나
뇌와 가슴이 생생히 살아 있다는 것은
얼마나 다행스러운 일인가

비록 스스로 풍경에 다가갈 수는 없으나
멀쩡한 눈과 귀와 코와 혀를 통해 풍경이 내게로 들어옴으로써
또 다른 추상의 세계를 펼쳐놓을 수 있다는 사실이
나와 또 다른 나를 아직도 전율케 한다

강을 건너는 바람

    기나긴 연둣빛 혀로 바람을 핥는 저 수양버들처럼 낭창거리며
    잠시도 안심할 수 없다는 듯 불면의 창가에 짙은 얼룩을 남기며
    연신 심장을 물어뜯는 봄의 화냥기를 어찌 감당하랴

    창문 하나 없이 빛 한 줄기 들지 않는 캄캄한 공허의 방을 지나서
    높은 망루에 올라서서 내려다보니
    사랑이여, 내가 얼마나 상처받은 사람인지를 알겠다

    제아무리 눈물겨운 애증의 삶이라 할지라도
    누군가의 창문에 얼룩조차 지게 하지 않는다는 것을
    진눈깨비와 곡괭이로 적시고 깎으며
    평생을 괴롭히는 삶이지만
    비 갠 뒤의 하늘처럼 맑고 푸르던
    사랑 한번 파도치지 않은 날 있을까

    삶은 유장한 강물처럼 흐르는 듯해도
    어느 기슭에선가는 끊임없이 파도를 치기에

잠시라도 방심도 안심도 할 수 없다는 것을

비록 눈물 자국 말라붙은 허연 소금기뿐인 삶일지라도
너와 내가 죽더라도 여기보다 더 넓고 아름다운 행성은 없으리라
설사 바위를 덮는 푸른 이끼로 다시 태어난다 할지라도

겨울밤은 길고 퍼렇다

아주 먼 옛날
곤鯤이 붕鵬이 되고 붕이 대붕大鵬이 되었으나
마침내 대붕은 떠나갔고
그가 날갯짓으로 일군 바람 소리만이
겨울밤을 파수꾼처럼 지키고 있다

죽은 장자莊子가 무덤에서 벌떡 일어나 탄식하는 밤
하늘의 은하수가 쏟아지는 듯 함박눈이 펑펑 내리고
높이 나는 새가 멀리 보는 법이지만
불어오는 바람을 기다리며 잠시도 날갯짓을 멈추지 않고
비상을 꿈꾸는 자가 바로 대붕이다

설사 대붕이라 할지라도
날갯짓하지 않는다면 추락을 면치 못할 것이며
일정한 고도를 유지하기 위해선
날갯짓을 무한정하기보다는 상승기류를 잘 올라타야 하고
느닷없는 하강기류를 맞이하더라도
부드럽게 연착륙할 줄 알아야 진정한 대붕이라고 역설한다

날기 위한 날개가 없다는 핑계로

첫 도약을 하는데 두 발을 쓰지 않고 가만히 앉아서
맞바람이 불어올 때만을 하염없이 기다리다가
그 자리에서 고꾸라져 죽는 어리석음을 범하지는 말자

바람은 항상 더 크고 더 넓고 더 깊은 세계를 향하여
불어가고
날개는 물론 날갯짓 또한 그 범주에 들어맞아야
날개로써 제 역할을 할 수 있기 때문이다

그대는 바람을 타고 날아오르려고 하는 대붕인가
아니면 바람을 타고 올라
자신이 어디까지 날 수 있는지를 확인하려 하지도 않는
겁쟁이 메추라기에 불과한가

구닥다리 팬덤

문희는 강원도 산골 함백극장의 영화 〈미워도 다시 한 번〉에서
오드리 헵번은 TV 명화극장 〈로마의 휴일〉에서
천둥벌거숭이였던 나를 단박에 매료시켰다

문희의 주체할 수 없는 눈물과 모성애에 끌려
오드리 헵번의 청순가련함에 흠뻑 빠져
길을 걸을 때나 사람들이 많은 곳에 가면
행여 비슷하게 생긴 여자라도 만나길 고대하며…

누군가를 막연히 좋아하고 그리워하는 일로
생각만 해도 가슴이 쿵쾅거리고
얼굴이 화끈화끈 달아오르던 그날부터
그녀들은 골방에서 잦은 몽정과 수음을 터득하게 해준
사랑스러운 누이들이었다

밤하늘의 별처럼 너무나 멀리 있어
흔한 팬레터 한 통 보낼 숫기도 없었고
근사한 선물이라곤 엄두조차 낼 수 없었던 그 시절,
꿈에서만 가질 수 있었던

내내 부끄럽고 슬픈 추억이여

그렇게 첫걸음을 뗀 내 아픈 사랑의 발자국들이
내내 눈물 바람으로 불어 갈 줄이야
사랑은 여전히 풀리지 않는 수수께끼로 남을 줄이야

한때 연모했던 당신들을 만나
지금은 김태희와 걸그룹 뉴진스를 더 좋아한다고 실토하면
그때처럼 아름답고 초롱초롱한 눈빛으로
설마 내게 침을 뱉진 않겠지

무릇 변하지 않는 게 하나도 없다지만
아직도 예쁜 여자 앞에선 쉬이 지조를 잃고
간사하기가 이를 데 없는 내 마음만 할까

소리굽쇠

1
U자형 소리굽쇠 여러 개가 한 줄로 나란히 서 있다
맨 앞쪽 것을 조율막대로 두드렸더니
그중 한 개만 첫 번째 것과 같은 소리를 낸다

A가 울리자 B도 따라 진동하는 소리의 공명,
사람과 사람 사이의 진정한 관계에서는
천 편의 글보다 백 마디 말이 낫고
백 마디 말보다 한 번의 포옹이 낫고
그 포옹보다는 이심전심의 교감이 백번 낫다

그것은 귀의 들음에서 마음의 들음으로
마음의 들음에서 기氣의 들음으로써
우리는 서로 공명한다

그러려면 단지 몸을 재계齋戒하는 것을 초월한
마음조차 깨끗이 비운 심재心齋의 길

타자에 이르는 문도 없애고
타자를 내려다보는 언덕도 없애고

고요히 흐르는 강물처럼 서로에게 이르는 길,
그것은 멈추려고 해도 멈출 수 없는
불가부득不可不得한 경지로 나아가는 것

상대방의 진동수에 나의 진동수가 일치되는 희열을 느낄 때
비로소 서로에게 가고 오는 길이 환히 열린다

하여 우리가 할 수 있는 것은
타자와 반응할 수 있도록 나 자신의 고유 진동수를 늘리는 일뿐

2
그 어떤 구멍과도 마주치지 않고 무수히 휘몰아치는
소리 없는 저 바람들을 어찌해야 할 것인가
그것은 예나 지금이나 한결같이
나 홀로 우뚝 몸과 마음을 일으켜 세우고
스스로 흔들어 깨우는 것뿐

나는 오늘도

나와 공명하는 소리굽쇠를 찾는 데 혈안이 되어 있
으나
아직 나만의 진정한 소리를 듣도 보도 못하고 있다
백주의 청맹과니처럼

스트롱한 첫 발자국

1
1969년 7월 20일 일요일 밤 8시 17분,
미국 우주선 아폴로 11호가 달에 착륙했다

마침내 인류가 최초로 달에 첫 발걸음을 내디딘 시각은
7월 21일 월요일 새벽 2시 56분

그때 나는 갓 만 열 살을 지났고
종일 시커먼 석탄가루가 날리는 강원도 탄광촌
첩첩산중 함백초등학교 4학년이었다

맨 처음 담임선생님을 통해 암스트롱의 달 착륙 소식을 전해 들었고
여름방학 동안 아폴로 눈병을 심하게 앓으며
밤마다 달을 쳐다보면서 생각했다

아마도 우주인들이 옥토끼와 떡방아를 건드려
필시 벌을 받아 그런 거라고

그로부터 마흔일곱 해를 넘겨

달에 찍혀 있던 선명한 닐 암스트롱의 역사적인 첫발자국을 보았다

마치 고운 먼지나 석회가루를 밟은 듯 선명히 남아 있는
흑백사진을 보며 의심하기 시작했다

사진과 그에 얽힌 무수한 미스터리와 함께
암스트롱이 했다는 그 말을
- 이것은 한 인간에게는 한 걸음이지만 인류에게는 위대한 도약이다. 한 사람에게는 단지 조그마한 발짝에 불과하지만, 전 인류에게는 하나의 큰 도약이다.

언젠가
달에 사람들이 올라가 살게 될 때
억겁 이전 공룡의 발자국이 찍혀 굳어진 너럭바위처럼
닐의 발자국도 암! 스트롱하게 남아
유리 집을 지어 그 속에 보존해야 하는 건 아닐까

2
나 또한 살면서 무수히 첫발자국을 남기고 싶었으나
아직도 첫발자국을 남길 만한 공간을 못 찾았고
정작 눈앞에 나타나도 용기가 없어 찍지 못했음을 고백할 수밖에

누구나 새하얀 눈 위에
아무도 가지 않은 길 위에 첫발자국을 찍고 싶어 한다
그렇다고
첫발자국 때문에 평생을 허송하기엔 너무 덧없다

그대는 태어나 세상에 첫발자국을 몇 개나 남겼는가
그 발자국들은 어떤 의미로 지금껏 남아있는가

시간의 흐름과 함께 모든 발자국은 지워져 갈 것이다
네가 나를 잊어버리듯
나 또한 너를 기억에서 새까맣게 지워버리며

연쇄반응

따사로운 햇살이 꽃을 피우고
바람이 그 꽃을 흔드는 날
나를 활짝 피어나게 하고
무시로 가슴 떨리게 하는 것은
바로 당신

21세기의 장자莊子

한곳에 정착하지 않는
할 수도 없는
영원한 유목민의 삶이여

대초원에 부는 푸른 바람처럼
진정한 자유란 떠나고 싶을 때
여행자처럼 거리낌 없이 훌쩍 떠나는 것

시나브로 육신이 허물어지고 영혼이 휘발되어
삶 자체가 '로그아웃'되기 전에
노마드처럼 홀홀 떠나는 용기를 부추기는 사람

큰 물고기 곤鯤이 붕鵬이 되고
그 붕새가 구만리 창공을 나는 대붕大鵬이 되는 꿈을
아직도 줄기차게 꿈꾸게 하는

'리부팅'으로 꺼진 컴퓨터가 '로그인'되듯이
인생의 '새로 고침'과 '리셋'을 쉼 없이
옆구리를 쿡쿡 찔러 시도하게 하는 자

아직도 시계탑 아래 서 있습니다

1
춘천 가는 아침 8시 기차를 타기 위해
서둘러 청량리역 시계탑 아래에서 통기타를 어깨에 둘러메고
그녀를 기다리던 오래된 추억 한 줄은
아직도 쓸쓸히 노래하고 있을까

햇살이 내리는 가을날 오후
아내와 고장 난 스마트폰을 수리할 A/S 센터로 가기 위해
해피콜'을 기다리는 금천동 롯데리아 앞 시계탑 아래에서
한껏 목청을 낮춘 버스킹 첼로가 숨죽여 울고 있다

마침내 휠체어 전용 이동 차량에 몸을 싣고
사직동 도로 한가운데 시계탑 아래를 지나가는 순간,
문득 지금껏 만나고 헤어진 사람들과의 인연을 떠올리다
나도 모르게 왈칵 눈물이 터졌으나
앞자리에 탄 아내는 끝내 모른다

그들도 나처럼 속절없이 늙어가며
세월이 너무 빨리 지나가 버렸다고

시간이 쏜살같이 날아간다며
날마다 툴툴거리며 살고 있을까

2
시간은 직선,
절대로 부러지지 않는 강철처럼 곧고 단단하며

시간은 눈먼 화살,
영원히 맞출 수 없는 과녁을 향해 쉼 없이 날아가는 중이며

시간은 일방통행,
단 한 순간도 교행이나 역주행을 허락하지 않으며

시간은 난공불락의 철옹성,
핵폭탄으로도 무너뜨리지 못할 절대 불가침의 영역

3
너나없이 탄생에서 소멸의 순간에 이르기까지
시간이라는 단단하고 질기디질긴 오랏줄에 꽁꽁 묶인 채
어디서 와서 어디로 가는지를 새까맣게 모르고

전전긍긍하다 갈 수밖에 없다는 명증한 사실뿐

우리 모두 같은 시간을 살아도
불쑥불쑥 찾아오는 인생의 계절 때문에 행복과 절망 사이를 오가는 중인데
흘러가는 구름과 바람에 경계가 없듯이
하늘을 자유로이 오가는 새들처럼
차라리 그 몸으로 이 세상에 올 걸 그랬나 보다

* 충북 청주시 휠체어 장애인 전용 이동 차량.

Y를 기억하는 법

마침내
두 사람의 들숨과 날숨이 일치하는 순간,
그 숨소리는 관현악의 오보에처럼
중심음으로서 육신과 영혼의 아름다운 화음을 이끌어가고
서로의 눈동자에는
도무지 억제할 수 없는 천둥·번개 같은 정열의 섬광들이 번득이며
혈관마다 뜨거운 열기로 펄펄 끓어올라
찬란한 광채로 빛나는 보랏빛 행복에
눈 멀고 귀 멀 지경이었다

여항閭巷의 밤 풍경

일상을 낱낱이 들여다보이는
쇼윈도의 마네킹과 다를 바 없이 나는
빛에서 어둠 속으로 속절없이 끌려 들어가는 중이나
남길 자손 하나 없으니 언제든 떠나도 홀가분하다

죽으면 가뭇없이 잊힐 게 뻔하여
어떻게 해서든 영생의 길을 찾아서
불멸의 존재로 남으려 무진 애를 쓰고 있으나
그것은 애초부터 지난한 일

아침이면 호기롭게 오아시스를 찾으러 떠났다가
저녁이면 어깨를 축 늘어트린 채 터벅터벅
사막의 지평선을 넘어 돌아오는 사람들 속에
피 흘리는 내가 섞여 있다

마침내 파도 흉흉한 대양을 헤쳐 나가던
거대한 항공모함도 닻을 내리고,
창공을 날던 전투기도 활주로에 착륙하고,
세상의 역마다 모든 기관차도 정차하고,
지상의 철갑 탱크도 장갑차도 대포도 소총도 권총도

밤낮없이 어른들이 마구 휘두르던 회칼도
천진난만한 아이들이 갖고 놀던 딱총도 새총도 내려놓는 밤

사람들은 가슴속에 옹달샘 하나씩을 품고 산다
아니 주야장천 샘을 파고 있다
가뭄에도 절대 마르지 않는 청량한
꿈과 희망이란 이름의 샘물을

밤새 불타오르는 유리창들이 은하수처럼 반짝이는
기항지寄港地의 밤은
서로 부딪치는 술잔들과 함께
웃음인지 울음인지 모를 소리로 처연하다

참 알다가도 모르는 일

우리 살아가는 동안에
참 알다가도 모르는 일이 어디 한둘이랴마는

내내 용오름처럼 솟구쳐오르던 사랑의 갈망과 열정은
한순간에 격랑의 바닷속으로 난파선처럼 완전히 침몰할 뿐만 아니라

누구나 텅 빈 부두처럼 버려진 채로
오랜 시간
동굴 같은 외로움으로 가득하다

그 사랑의 상처들이 용골龍骨의 잔해처럼 남아
비가 내리는 날이면 더욱더 서럽게 발광하며
골다공증을 앓기 시작한 뼛속에서 욱신거리고

한때는 그렇게 미친 듯 사랑했으나
끝내 자신을 버렸던 이들을 차례로 떠올리며
그들도 자신을 잠시라도 생각할 때가 있을까를 상상한다
〈

그러건 말건 속절없이 세월은 흐르고
사소한 이별에도 점점 두려움으로 떨게 되며
모든 사별死別은 몸서리쳐지는 공포로 다가와
가슴을 더욱더 옥죄어 오는 것이다

누군가 사랑이 살아온 모든 날의 이유라 말했듯이
그 죽일 놈의 사랑 하나 빼놓고 나면
별로 남는 게 없는 인생이다

여태껏 살아봐도
참 알다가도 모르는 게 사람이고
그중에 더 모르는 일이 사랑이더라

독거獨居

전화 한 통 문자메시지 한 줄 없고
SNS 알람도 울리지 않는 날들이 있을 때

매캐한 저녁연기처럼
미지의 불안감이 스멀스멀 피어오르면

맥놀이처럼 끊어질 듯 이어지며
점점 증폭되는 생의 진동

자신의 존재에 대해 아무도 궁금해지지 않을 날들이
점점 다가오고 있음을 예감하는 여름날 오후

들판에 풀어놓은 개떼처럼 뽀얀 흙먼지를 일으키며
뒷덜미를 향해 맹렬히 달려오는 죽음의 토네이도를
상상하는 순간

한바탕 장대비에 흠씬 두들겨 맞아
멍든 나뭇잎들이 더 새파랗게 보이듯

오늘 까닭 없이 흘러내리는 회한의 눈물이

마음에 덕지덕지 쌓인 먼지를 씻어내는 일임을 깨닫는다

 비로소 씻겨져 나간 먼지의 무게만큼이나 가벼워진 영혼이
 어린 날의 헬륨 풍선처럼 두둥실 떠 오른다

 이렇게 자꾸자꾸 씻어내다 보면
 내 안의 흐느끼는 울음소리조차 들리지 않는
 진정한 고요와 만날 수 있으리라

가까이 보는 운명이란 극劇

내가 이 세상에 온 이유를 아는 사람도 물어볼 만한 사람도 없었다
혁명 따위는 고사하고 도대체 무슨 일을 하려고 왔는지를
나도 모르고 아무도 모른다는 사실로부터 비극은 잉태되었다

아마도 나는 죽음에 이르는 순간까지도 생각할 것이다
진즉에 쓸모없어진 마비된 몸뚱어리로 여태 바닥에 등을 붙인 채
어떻게 바퀴 한 짝도 없는데 여기까지 잘도 굴러왔으며
왜 날개도 깃털도 하나 없는데 비상할 날을 꿈꾸고 있었는지를

결단코 모든 운명에 희극은 없다
다만 잠시 비극에서 벗어나고픈, 아니 잊어버리고 싶은
처절한 반동反動과 작용 반작용이 있을 뿐이며

그것은 생존을 위한 몸부림,
그 이상도 이하도 아니란 사실을

3부

아모르 파티

만성 계절병

만성 계절병이 재발하는 봄날
욕정은 푸른 정맥에 주사된 히로뽕처럼 온몸의 모세혈관을 따라
말초신경 끝단까지 퍼져나간다

육체란 단지 먹고 마시고 배설하는 도구로써 존재할 뿐
목욕할 때마다 차례로 옷가지들이 벗겨진 채
알몸을 드러내는 일이 수치스럽다기보다는
차라리 치욕의 극단까지 가보자는 데에
내 안의 또 다른 욕망이 꿈틀거린다

버림받은 알몸의 육체 속에서
영혼의 첼로 줄들이 들쭉날쭉한 파동으로 떨고 있다
아니다
페로몬에 흥분한 수사자 한 마리가 내 안에서
연신 으르렁 으르렁거리고 있다

가난한 사랑의 역사

　무릇 머릿속의 시적 기억을 독재자처럼 점령하며
　다른 모든 기억의 흔적들을 일시에 쓸어내 버린
　그녀의 목소리와 떨림이 신선한 충격으로 아로새겨지는 순간,
　나의 사랑은 불꽃처럼 활활 타오르기 시작하였고
　그것은 지나간 모든 날의 이유였으나
　개인적 삶만큼이나 지극히 가벼운,
　참을 수 없을 정도로 가벼운,
　새의 깃털처럼 가벼운,
　바람에 날리는 먼지처럼 가벼운,
　당장 내일이면 사라질 그 무엇처럼 가벼운,
　아니 시간과 계절에 따라 시시각각 달라지는
　변주곡 같은 것이었음을
　지금이라도 솔직히 고백하지 않을 수 없다

녹음과 빨간 장미

오월의 짙푸른 녹음 속에서
홍일점으로 피어 있는
빨간 장미 한 송이

맺힌 게 너무 많아 미처 아픔인 줄 몰랐다
슬픔이 농축되면 꽃으로 피는 줄 알았다

또 어떻게 살아야 하나 망설이는 내게
정신 바짝 차리라며 살라는 듯이
세차게 등짝 스매싱을 날리는
어머니의 손

쌓인 게 너무 많아 미처 고통인 줄 몰랐다
아픔이 응축되면 당연히 꽃으로 피는 줄 알았다

지구의 목소리

내 몸에 착 달라붙어 피를 쪽쪽 빨아대는
저 80억 마리 흡혈귀들의 왕성한 식탐을 보라!
걸핏하면 나를 아름다운 푸른 별이라 한껏 추켜세워 놓고는
지금껏 닥치는 대로 갉아 먹고 파먹고 뜯어 먹고
그것도 모자라 자기들끼리 물어뜯고 죽이고
온갖 쓰레기와 배설물과 악취로 더럽히는……
지박령地縛靈 같은 흡혈귀들의 밀도가 높아지면 높아질수록
쉼 없고 끊임없이 이어지는 참혹한 경쟁과 전쟁,
무수한 위선과 기만이 넘쳐나는 바람에
서로가 적당한 관계와 거리를 유지하지 못하고
건드리기만 하면 금세 터질 것 같은
온통 붉게 충혈된 눈동자들이 쇠바퀴처럼 덜커덩거리며 굴러다닌다
그러나 당신들이 잊지 말아야 할 사실 하나
나의 깊은 내부에서 펄펄 끓고 있는 마그마,
한계에 이른 인내심이
우주의 티끌 같은 당신들이 도저히 감당할 수 없는
어마무시한 분노의 화산으로 폭발하는

가공할 시간이 점점 다가오고 있음을
절대 잊지 마시라!

추억의 덕수궁 돌담길

1
속수무책으로 나라를 뺏긴 허울뿐인 황제가
높은 담벼락 안에 꼭꼭 갇혀 독살을 당해도
누구 하나 찍소리 못하고 이렇다 할 저항도 못 한 채
야음을 틈타 바깥으로 기별을 주고받아야 했던
망국의 길을 새까맣게 잊어버린 채
아무도 기억하려고 하지도 않고
끼리끼리 좋아서 싱글벙글거리며
너도나도 날마다 구름배를 타고 두둥실 떠가는 길
언제 또 저 정동 언덕 위에
감시초소가 들어설지도 모르면서

2
이문세가 부른 '광화문 연가'에서는 아름 슬픈 추억을 노래하지만
거룩하신 하느님께서 머무시는 정동교회가 있고
세계 초일류강대국이라는 미국 대사관저가 있지만
반면에 그때는 서슬 퍼런 대검찰청과 대법원이 있었고
전경과 사복경찰들이 두 눈을 부라리며 오가는 사람들을 감시하던

아이로니컬 스트리트였다
지금처럼
거기에 시립미술관이 들어서고
시청별관 공무원들이 조석으로 우르르 몰려다니고
봄이면 꽃향기 무장무장 날리고
여름이면 사람들이 가로수 그늘에 모이고
가을이면 오색단풍과 낙엽이 뒹굴고
겨울이면 하얀 눈 모자를 쓰는
오롯이 낭만과 여유가 흘러넘쳤다면
내 남루했던 사랑도 더 아름다울 수 있었을까

3
연인과 걸으면 이별할 거란 풍문처럼
그 길을 몇 번 걷고 난 뒤에
나 역시 그녀와 이별을 하고 말았다

설사 또 그런 아픈 추억을 만든다 하더라도
마음속에 예쁜 청사초롱 하나 밝혀 들고
다리 아프도록 지쳐 쓰러질 때까지
꼭 다시 걸어보고 싶은 길

퍼햅스 러브

시내 성안길을 가다가 우연히
중고 레코드점에서 흘러나오는
올드 팝송 '퍼햅스 러브'를 듣는다

죽은 존 덴버와 살아 있는 플라시도 도밍고가
번갈아 가며 사랑에 대해 다양한 정의를 주고받는다

사랑은 안식처 같은 것
사랑은 창문 같은 것
사랑은 구름 같은 것
사랑은 강철만큼 강한 것
사랑은 살아가는 법
사랑은 서로를 느끼는 법
사랑은 붙잡는 것
사랑은 놔주는 것
사랑은 모든 것
사랑은 잘 모르는 것
사랑은 갈등과 변화로 가득 찬 대양 같은 것
사랑은 추운 날씨에 뜨거운 불길 같은 것
사랑은 비가 내릴 때의 천둥 같은 것

사랑은 영원한 꿈
사랑은 당신을 향한 모든 것이라 하여
연신 고개를 끄덕여보지만
한마디로 정의할 수 없는 게 어디 사랑뿐이랴

어쩌면 삶 전체가 그러한 것이거늘
지나간 옛사랑은 올드 팝송처럼 아련하고
두 사람의 화음이 부조화 속의 조화를 이뤄내듯이
사랑은 크로스 오버 되는 과정이며
여전히 아프면서도 아름다운 것

서로가 부조화를 깨닫는 순간,
얼음 같은 이별과 증오가 동시에 찾아오고
파멸과 부활을 반복하는 것

그러나 확신할 수 있는 건
앞으로도 영원히 사랑의 노래는 끝나지 않으리란 것

더욱이 한 번이라도 사랑해 본 사람이라면
새로운 정의를 계속해서 내릴 거란 것

〈
그런 이유로
앞으로도 사랑의 바벨탑들은 부지기수로 세워질 거라는 것

그래서 인류 멸망의 순간까지도
사랑은 위대하고 경이로울 수밖에 없으리라는 것

캣츠아이 성운星雲

허블 망원경이 컬러사진으로 찍어 보내온
고양이의 눈을 닮은 캣츠아이 성운
까마득히 먼 거리에서
서서히 죽어가는 별의 종말을 생생히 보여준다
하지만 그는 이미 죽어 암혹이 되었을지도 모른다
별마다 주검에는 그만의 색깔과 파장이 있어
저렇게 아름다운 죽음도 있거늘
백 년만 살아도 고종명考終命이라 말하는
우주의 먼지에 불과한 우리는 죽어서
과연 어떤 빛깔로 산화할 것인가
50억 년 뒤 태양의 미래와 같은
거대한 죽음의 데자뷰를 본다

아직도 사랑에 목이 탄다

어느 봄날,
너는 덩굴장미처럼 내 가슴으로 뻗쳐와
심장과 늑골 사이에 촛불 하나 켜 놓은 채
마법의 성을 지어 놓았다

그뿐만 아니라
눈길 머무는 곳마다 수풀이 우거지게 하고
그 사이로 시냇물을 흐르게 하며
온갖 새들을 불러 모아 즐거이 노래 부르게 했다

한순간 동화 속 애꾸눈 해적 선장이 된 듯한 나는
오로지 바다를 향하는 강물처럼 너에게로 달려갔으나
비에 젖지 않는 바다 같은 너를 만날 때마다
수없이 절망의 눈물을 머금어야만 했다

오늘은 그대 눈동자에 박힌 별을 보네
살벌한 눈과 얼음의 광야를 지나
한낮의 스콜이 적시고 가는 열대우림을 지나
척박과 삭막으로 치장한 광야,
그저 찬란하고 아름다운 행성의 모습이 아닌

심연深淵의 적요와 고독의 파랑波浪을 보네
바람 소리 물소리 하나 없는 그 진공의 바다
흐르는 눈물 속에 익사한 채로
그 별에서 잠들고 싶네

나는 아직도 사랑에 목이 탄다
까무룩 잠들어 있는 내 영혼의 씨앗들을 깨워
희부연 물안개 깔리는 저무는 들녘에서
쉼 없이 안개꽃을 가득가득 피워올리는 중이다

새벽꿈에 아버지를 만나다

밤새 국경에서부터 쉼 없이 달려온
그 옛날의 파발마가 내뿜는 콧김처럼
희부연 물안개가 차오르는 겨울 새벽

묵직한 솜이불 한 채를 차곡차곡 개어 어깨에 메고
영겁의 호수를 건너가 별이 된 아버지가 불쑥 새벽꿈에 나타나
저만치에서 손을 흔드신다
텅 빈 마당에 햇살 한 자락 널어보자고 재촉하시는데
어서 빨리 건너오라는 건지 더 있다 오라는 건지…

손톱이 길대로 길고 날카로워진 겨울바람이
마구 할퀴고 헤집어 놓는 대지에서 들리는 건
무명천 찢어지는 듯한 비명소리뿐

나 이대로
죽기 전에 아름다운 추억과 풍경 하나 떠올리지 못한 채
그 육중한 죽음의 철문을 밀고 들어간다면
그보다 불행한 죽음이 또 어디에 있을까를 염려하며

〈

아무리 허섭스레기 같은 삶일지라도

아침의 발코니에 나가 심호흡과 함께 기지개를 켠 다음,

밤새 목마른 화분들에 물을 주고 모닝커피 한 잔을 마실 때

우리는 죽음의 기억 같은 건 지니지 않을 것이다*

그리고 석양의 테라스에 앉아

위스키 온더록스 몇 모금을 마시면

얼굴은 서서히 붉게 상기되며 한낮의 피로를 잊게 되리라

아니다. 우리 모두 세상에 널린 어느 묘지에서든 만날 것이며

탄생의 기억조차도 우리는 지니지 않는다**

* ** 파블로 네루다의 시 「탄생」 중에서.

결혼식장에서

신랑 신부를 만나 진심으로 축하하며
말로는 행복하게 잘 살라고 기원한다

마음속으로는 제발 아무 일 없이
잘살아야 할 텐데, 라며

불경스럽게도 마음 한편으로는
잘 살 수 있을까, 를 염려하며

축의금 봉투와 맞바꾼 식권을 받아들고
하객들로 북새통인 피로연장을 찾아가서는

산해진미 뷔페 음식을 몇 번씩 주워 담아 나르면서도
막상 먹을 게 없다고 연신 구시렁구시렁대면서

난세의 기도

골목 상권이 사라지는 시대,
빚 갚느라 새 차 구매는 언감생심인 시대,
유모차보다 개모차가 더 잘 팔리는 시대,
붕어빵 네 마리를 사 먹으려면 5,000원이 필요한 시대를 살아가는 우리 모두를,
부디 아기 예수님께서는 긍휼히 여기시어
저희가 죽는 날까지 잘 견디고 버티게 해주소서!

저 견고한 침묵의 산성山城처럼,
맨발로 눈길을 걸어가는 용자勇者의 결기로,
남은 날을 살게 하소서!

디오라마* 속의 박제 사자

먼 데를 한없이 응시하고 있는
디오라마 속의 박제 수사자 한 마리

아프리카를 떠나온 지 얼마나 됐을까?

사바나의 푸른 풀밭이 그리워서 내지르는
고요한 포효
- 여길 봐!
 나도 이렇게 견디고 있잖아!

한낮의 갈증 난 태양이
 메마른 호수 바닥에서 무시로 빨아올리는 부연 흙먼지에 놀라
 지평선을 파수꾼처럼 지키던 키 큰 아카시아나무 한 그루
 파르르 경련을 일으키고

먼 데서 몰려오는 비의 습기와 피 냄새를 맡았는지
 저만치에서 떼를 지어 느릿느릿
 나무 그늘 밑으로 걸어오는 사자들

〈
무자비한 살육의 계절이 열리면서
다시 시작된 맹렬한 추격과 눈물겨운 도주
늘 그렇게 반복되는 초원의 생

어떻게든 살아남기 위해서
이리 뛰고 저리 뛰는 몸뚱어리들이
죽어서 투탕카멘 같은 미라가 된들 무엇 하나
지금은 뼈다귀 하나 지키는 일도 못 하는데

뜬금없이
사자의 등에 올라타서 너른 초원을 달려보고 싶은
이 요사스러운 상상은 또 무엇이란 말인가

* 프랑스어로 배경을 그린 길고 큰 막. 앞쪽에 여러 가지 물건을 놓고 그것을 조명하여 실물을 보는 듯한 느낌을 주는 장치.

광주를 지나는 길은 아프다
- 5·18을 회상하며

아아, 저 자운영꽃 양탄자는
저절로 남도 들녘에 펼쳐져 있는 게 아니다
수많은 피울음으로 피울음으로 짜여
한 송이 또 한 송이 피워 올린 것임을 아는 까닭에
흐드러진 자운영 꽃밭에서
날이 저물도록 뒹굴고 싶어라
오롯이 알몸과 알몸으로 만나
묵언의 그대들과 함께
살갗이 짓무르도록 뒹굴고 싶어라
그대들이 애국가와 '임을 위한 행진곡'을 목청이 터지도록 부르다
검은 군홧발에 짓밟히고 총칼에 난자당할 때
그때 나는 비겁한 새내기 대학생으로 데모대 한쪽 구석에 끼어
거리에서 고작 짱돌 몇 개와 깨트린 보도블록 조각들을 던지며 저항했을 뿐
경찰이 쏜 최루탄 가스에 눈물 콧물 범벅이 되어
사냥꾼들한테 쫓기는 사슴처럼 허둥지둥
백골단에 이리저리 골목길로 쫓겨 다니는 신세였다

그대들이 간절히 구하는 자유와 정의를 위해
저 용감했던 북아일랜드의 6·25 참전용사들처럼
스스로 어둠 속을 걸어간 사람들이 진정 위대한 빛을 보는 것이라며
하나뿐인 목숨을 초개와 같이 버릴 때도
나는 이깟 비벽한 삶을 연명하느라
울분을 안으로 안으로만 삭여야 했다
정작 그대들에게 무자비하게 총칼을 들이댔던 당사자와 책임자 중에
아직 단 한 사람도 사죄와 용서를 구하지 않는 후안무치한 역사 앞에서
너무 늦었지만, 나 혼자라도 진정으로 통회하며
위대한 영령들 앞에 엎드려 속죄하며 용서를 구하노니
끝끝내 지워지지 않을 문신 같은
그대들의 자유와 민주주의를 위한 숭고한 희생,
영혼의 화인火印처럼 피어난
흐드러진 자운영 꽃밭에서
이제라도 그대들과 함께 어깨동무하고

내 살과 뼈에 자운영 붉고 푸른 꽃물이 들 때까지
몇 날 며칠이라도 함께 어울려 뒹굴고 싶어라

망자亡者에게 보내는 편지

무한의 질량과 에너지와 공간으로 이루어져 있다는 게
내가 배운 우주에 대한 지식의 전부이다
하지만 이 밤도 저 광막한 공간을 가득 채우고 있는
검고 깊은 암흑물질 사이에서 깨알 같은 별들이 반짝이듯
그 어딘가에 너도 살고 있을 거로 생각하며
이 편지를 쓴다

너
지금, 엘리시움*에서 잘살고 있는 거지?
여기에 있을 때처럼 아프지도 않고
잘 먹고 잘 살며 평화에 겨운
오직 선량한 사람들만이 사후에 가 산다는 거기에서 말이다

어느덧 네가 우리 곁을 떠나간 지도 아홉 해,
이제 너와 약속할 수 있는 건
언젠가 우리 모두 저 광막한 우주 속에서 다시
먼지처럼 만나게 될 거란
단 하나의 진실뿐

〈
설령 그곳이 캄캄한 암흑 속이거나
지옥의 불구덩이 안일지라도
그때 다시 만나면
함께 언덕에 올라 너른 풀밭에 벌렁 드러누워
밤이슬 촉촉이 맞아가며 지칠 때까지
밤하늘의 별들을 세어보자

생각해보니
피를 나눈 형제인데도
둘이서만 따로 살갑게 술 한잔 나눈 적도
그 흔한 노래방에 가서 어깨동무하고 목청 높여
노래 한 가락 같이 불러본 적도 없구나

미안하다
정말 미안하다
이 죄 많은 형을 어떻게 용서할 수 있겠니
아니 절대 용서하지 마라!

내가 네 곁에 가는 날

그때 만나면 네가 나의 형이 되어도 좋으니
나를 많이 꾸짖고 혼내 주거라

오늘부터는 그만 울기로 했다
그렇다고 너를 잊겠단 건 절대 아니니 오해하지 말고
사랑하는 아우야,
우리 다시 만날 때까지
부디 몸 건강히 잘 지내렴

미안하다!
사랑한다!
보고 싶다!

* 그리스 신화 속 선량한 사람들이 사후에 간다는 이상향, 천국.

아무도 물어가지 않을 말

지나가는 개한테나 주고 싶었던
이제는 듣기에도 거북하고 멀미와 신물이 나는
정의와 공평이란 말,
그 진정한 의미를 반추하기에도 지치는 4월

죽음은 여전히 해독 불가의 외계어처럼 느껴지고
탄생의 순간에 비추던 빛의 영광이 무슨 소용이며
그 삶의 흔적이란 것도 새까맣게 타버린 촛불의 심지와 다를 바 없으니
건드리면 곧장 바스러질 재가 아니든가
이것이 바로 죽음의 축복이며 진정한 평화다

비존재에서 존재로, 실존에서 부재로의 끝없는 전이 轉移와 순환을 거듭하며
우리가 기억하는 유일한 것은 삶의 흔적이라는 보이지 않는 발자국뿐
탄생은 곧 소멸의 시작이었고
단지 그 속도와 무게감을 느끼지 못했을 뿐
자신도 모르는 사이에 이미 죽음의 출발선을 떠난 것이었다

〈
그럼에도 불구하고
세상을 향해 주야장천 외쳐대고 있는
정의와 공평이란 참으로 허무맹랑한 말,
차라리 그 의미를 모르던 때로 영영 되돌아가고 싶다

4부

살토 모르탈레

나는 하루에 세 번 무섭다*

해가 막 저물 때
속절없는 시간의 노예가 되어버린 듯한 느낌이
해일처럼 어둠과 불안을 몰아오기 때문에

잠들려 할 때
어쩔 수 없이 나의 부재 이후를 상상하게 됨으로써
사람들로부터 가뭇없이 잊힐 것이란 사실 때문에

그리고 잠에서 깰 때
또 하루를 견디고 버텨내야 한다는 강박감으로
온몸과 정신의 칼날을 다시 벼려야 하기 때문에

* 장 그르니에의 『섬』 중 「고양이 물루」에서.

2022년 핼러윈데이

밀어!
밀어!
밀어!

밀지 마!
밀지 마!
밀지 마!

그리고 잠시 뒤
한데 뒤엉켜 넘어지고 엎어진 채로
군중의 불가항력적 발길에 무참히 짓밟히고 짓눌려
처참히 널브러진 주검들……

눈앞에서 실시간 벌어진
도무지 어처구니없는 참상들을 TV 생중계로 목도한 이후
마치 제 탓인 것만 같아서
오랜 시간 긴 줄을 서서 오열하며
절을 하고 분향하는 사람들

모두가 꽃처럼 왔으나

미처 다 피워보지도 못한 채
느닷없이 조화弔花로 뒤덮인 제단에
영정도 없는 저 혼백魂魄들을
대체 어떻게 위로해야 한다는 말인가

뭇사람들이 아무리 원성을 드높여도
들은 체 못 들은 체하며
마땅히 책임져야 할 자들은
끝끝내 서로 모르쇠로 일관할 뿐

살토 모르탈레*

1
소낙비 갠 여름날 오후
엄마 손을 잡고 길을 가던 세 살배기 아이가
빗물 고인 작은 웅덩이 앞에서 움찔하며 발걸음을 멈추자
아이 엄마가 대뜸 손을 놓으며 단호한 어조로 말한다
- 네 발로 건너뛰어 봐!

아이가 잠시 망설이며 주춤거리자
다시 한번 아이 엄마가 목소리를 높인다
- 뛰어넘어! 어서!
그러면서 아이의 한쪽 손목을 힘껏 낚아채 올리는 순간,
아이가 폴짝, 웅덩이를 단숨에 건너뛰었다

삶이란 저렇게 대를 이어 도도히 전수되는 것
아니 곳곳에 널린 시련과 난관을 극복하는 방법을
어른들은 말과 글로써 매섭게 가르치고
아이들은 온몸으로 혹독하게 배운다
〈

매 순간 장애물을 만나는 난관투성이인 삶이지만
그것은 고통스러운 선택의 연속을 통해 내일로 나아갈 뿐
단 하루도 과거로 회귀할 수 없다는 불가역의 진리 앞에
순응해야 하며
가기 싫어도 가야만 하는 길

비로소 그 길을 벗어나 불쑥 맞이하는 죽음은
삶의 고통에서 영원히 해방되기 위해서
반드시 거쳐야 할 신성한 통과 의례이며
신비 가득한 생명의 순환 사이클로 실존한다

2
만약 인간이 죽지 않는다면
모든 목적을 이룬 후에는 자연히 삶의 동력을 잃을 것이며
다가올 영원의 시간을 무료함 속에서 보내게 될 것은
불 보듯 뻔한 일

흐르는 시간이 게걸스럽게 먹어 치우는
기억의 숲들은 속절없이 허물어지고
헐벗은 자기 생명 외에는 잃을 게 아무것도 없다는 듯이

말라비틀어진 채
　세상엔 오아시스 하나 없는 타클라마칸사막만이 남을 것이다

　좁은 방에 갇혀 지내면 지낼수록 고통의 크기와 농도와 점성은 높아지고
　자연으로 뛰쳐나가 숨 쉬는 동안 자신도 모르는 사이에
　고통의 덩어리가 분해되거나 기체화되는 걸 온몸과 영혼으로 느낄 수 있듯이
　비록 시간과 장소에 따라 응축되거나 용해되는 고통스러운 삶이라 할지라도
　죽음을 성찰할 때 비로소 그 깊은 의미를 찾을 수 있다

　과연 우리의 남은 생애에서
　마주쳐야 할 고통과 시련은 얼마나 더 남아 있으며
　그것들은 인내하고 감당할 가치가 있는가를 염려한다면
　시간의 모래 위에 불멸의 발자국** 남기는 일을
　절대 포기할 수 없다

3
타자의 욕망이 아니라
오롯이 자기 욕망을 실현하려는 사람은 죽음마저도 감수할 수 있듯이
사랑의 깊은 늪에 빠진 사람에게 손익과 죽음이 안중에 없듯이
누구라도 그의 목숨을 건 도약을 막을 수 없다

자신의 삶에 의미를 부여하고 싶은 자여
기억하라, 삶의 모든 순간은
살토 모르탈레!

비워라!
날개마저 무겁다고 없애버리고 저쪽으로 도약할 때,
저쪽은 그만큼 그대에게 가까워지는 법이며

믿어라!
그대에게는 눈에 보이지 않는
숨겨진 커다란 날개가 있음을
〈

언제나 내적 확신으로 가득 찬 영혼을 가진 자에게
죽음이 두렵지 않은 것은
일상 자체가 목숨을 건 도약이기 때문이다

* 키에르케고르가 말한 '목숨을 건 도약'.
** 빅터 프랭클의 『죽음의 수용소에서』.

미스터리

  죽음과 영원의 공간은 이 세상 밖 어디에 있기나 한 것인지
  혹시 둘은 대청마루를 사이에 두고 안방과 건넛방으로 나뉘어 있는 건 아닐지
  아니면 툇마루가 끝나는 지점에 누마루처럼 고즈넉하게 서 있을까
  마침내 죽음의 통로에 들어선 여행자는 오감으로 알게 되리라
  단봉낙타의 혹에는 물과 기름이 섞여 있지만
  쌍봉낙타의 혹에는 해와 달이 들어있음을
  어느덧 그 뼈들이 풍화되어 먼지가 되고
  그 먼지가 바람에 날려간 자리를 또 무엇이 채울 것인가
  영원히 풀리지 않는 수수께끼

단풍나무 아래에서 묻는 11월

이러지도 저러지도 못하고
종종걸음을 치게 되는
11월의 끄트머리

청주 무심천 둑길 위
붉게 물든 단풍나무 아래에서
스스로 묻고 또 묻는다

상처 없고 사연 없는 인생이 어디 있으랴마는
이 비루한 생은 여태 붉으락푸르락하며
일편단심으로 물들지를 못하는구나

어디선가 불어온 한줄기 소슬바람에 툭
낙하하면서도 세상에 아무런 미련 없다는 듯이
발등 위에 나풀나풀 내려앉는 단풍잎 한 잎

아찔한 추락의 고통을 즐거이 감내하며
결별이 보여주는 쓸쓸함마저 껴안는 것은
다시 파랗게 움틀 새봄을 생각하기 때문이리라
〈

나의 종말 또한 저렇게 올 것이므로
언제라도 이승을 떠나갈 준비가 되어 있느냐고
스스로 묻고 또 묻는다

저만치서 겨울이 점령군처럼 저벅저벅 걸어오고
그 거친 군홧발 소리 들려오는 것만 같아
자리에서 그만 다리의 힘이 풀려버리는

떨어진 낙엽이 뿌리로 돌아가 새봄에 새잎을 피우듯
넘어진 곳에서 다시 존재를 일으키는 나무들처럼
아름다운 소멸을 갈망하는
늦은 가을날

저승꽃

여태 살아남은 게 기특하고 대견해서 그런가
마치 하늘이 내리는 포상처럼
주름진 얼굴에도 검은 꽃 피는구나

세상에 하고많은 꽃 중에
왜 하필이면 검은 꽃이란 말인가
무지개 빛깔이면 더 좋을 텐데

그것은 자글자글 주름진 얼굴의 사치이자
전혀 어울리지 않는 부조화이며
노추老醜의 상징일 뿐

얼굴에 검은 꽃이 피는 건
구속으로부터의 자유와 결박으로부터의 해방을 갈망하는
겨울비의 아우성 같은 것

점점 다가오는 종말을 준비하라고
지나온 길에 새겨진 눈금들을 한 칸씩 지우며 가는
시곗바늘처럼 절대 거부할 수 없는 숨가쁜 경보競步를 바라본다

〈
내가 살아 있는 것 자체가 죄이며
내가 행한 모든 말과 행위는 물론이거니와
침묵마저도 죄임을 깨닫는다

저 붉디붉은 동백꽃을 보라!
자신의 존재를 증명하기 위해 온몸으로 피어났으나
생의 덧없음을 말하는 듯이
일순간 결연히 낙하하는 모습을

우주의 모든 꽃은
아름다운 경고의 화신花神이다

오래된 소원

지금껏 내 손으로
아내의 손발 한번 닦아준 적 없고
따뜻한 밥 한 끼 해준 적 없네

아내가 십수 년 몹쓸 병을 앓을 때마다 먹은 걸 토하고
 온몸의 살과 뼈가 녹는 듯 아프다며 방안을 데굴데굴 구르는 것도 모자라
 아침마다 베갯머리에 머리카락 한 움큼씩 빠져나가도 새카맣게 모른 채
 나는 밥 잘 먹고 잠도 잘 잤네

그렇게 아내가 몇 차례 중병에 걸려 사경을 헤맬 때도
나는 여전히 밥 잘 먹고 잠도 잘 자고 오줌똥도 잘 쌌고
아내는 그런 나를 서방이라고 모시며
뒤처리까지도 마다하지 않았네

이제 나이 들어 점점 죽을 날이 다가오니
지난날을 뼈아프게 반성하며 후회의 눈물 찍어내지만
내 손으로 직접 아내의 손발 한번 닦아주고
따뜻한 밥 한 끼 해주고 싶어도 할 수가 없네

〈
다음 생에 멀쩡한 몸으로 다시 만날 수 있다면
그때는 내가 아이 낳고 밥하고 빨래하고 청소도 하는
사느라 바쁘든가 죽느라 바쁘든가 하는
그의 억척스러운 아내가 되고 싶네

* 송연숙의 시 「단벌의 형벌」 중에서.

돈오 頓悟 2

어쩌면
개미귀신이 사는 깔때기 모양의 모래 웅덩이
개미지옥 속으로 빨려 들어가는
지독히 운 나쁜 개미와 같은 운명인지도 몰라

고백하건대
일찍이 미네르바 여신이 나를
두 마리 백마가 이끄는 마차에 태워
눈부신 황금의 해변에 부려놓았으나
삶에 매진한다는 핑계로 탐욕과 쾌락에 집착함으로써
정작 진리와 지혜의 보석을 찾지 못했다

그리고 마침내
꽃과 같으면서도 때론 강철 같던 심장이 바사삭
유리처럼 바스러질지 모른다는 불안과 공포에 시달리며
허망하게 가파른 내리막길을
속절없이 굴러내리는 중이다

무릇 죽음에 가까이 다가가고 있으니
마지막 소원이란 이제 느긋이 하렘 안으로 들어가

천상과 지상의 모든 즐거움을 다 끌어안아 보고
깊은 입맞춤과 교접으로 분탕질을 해보는 것이나

방탕으로 심신이 황폐해진 늙은 술탄처럼
후원後苑으로 물러나 조용히 참회의 시간을 소요逍遙할 때
그 시간마저도 급류처럼 흘러감으로써
혼신의 발버둥도 부질없다는 것을,
늘 혼자뿐이라는 걸 뼛속 깊이 깨닫는다

머릿속에서는
수사자 한 마리가 으르렁거린다

살다 보니
블랙홀은 우주 공간에만 있는 게 아니라
세상 곳곳에 있더라

가을과 겨울 사이를 서성이다

마당 한가득 바삭바삭한 햇살을 널어놓은
가을을 어느 시인은 송아지에게 젖을 물리는 암소처럼
정겹고 풍요롭고 평화롭다 노래했다

낙엽 가득한 갈빛 마당을 쓸면
분주할 것도 서두를 것도 없이 흘려보냈던 지난여름을 회상하며
비로소 주울 것도 건질 것도 하나 없는 텅 빈 공허가 쓸려나간다

어느덧 저문 숲은 은하수처럼 펑펑 쏟아지는 함박눈을 기다리는 듯
옷을 죄다 벗은 알몸의 성자처럼 가부좌를 튼 채
구름 위에서 쉬고 있던 날카로운 부리의 독수리 한 마리를 불러 내린다

마침내 겨울은 주인이 돌아오길 기다리며
한적한 거리에서 진눈깨비를 맞고 서 있는 늙은 노새처럼
한없이 우울하고 처량하게 온다
〈

이름도 정체도 알 수 없는 질병으로
거리마다 낙엽이 몰려다니고
집마다 대문의 빗장 거는 소리가 철커덩철커덩거린다

신新 묵시록

단언컨대
미래의 인간들이 지금보다 더 선하고 양심적이고 도덕적이며
오직 정의롭고 평화만을 지향하는 인류애로 똘똘 뭉친
진정 선량한 존재들로 진화할 것이라는 희망은
막연히 유토피아를 꿈꾸는 일과 같다

왜냐하면
선하고 착하게 사는 사람들이 어처구니없게도
억울하게 강자와 가해자로 몰리는 일이
날마다 사건·사고 뉴스로 비일비재하기 때문이다

날이 갈수록 가분수처럼 뇌가 커질 미래의 인간들은
문명의 이기들을 소마처럼 남용하거나 오용하며
지금보다 더 영악하고 이해타산적인 존재들로 변할 게 뻔하며

다시 소돔과 고모라를 만나게 될 것이 분명하다

* 올더스 헉슬리의 『멋진 신세계』에서 사람들을 통제하기 위해 사용하는 먹기만 하면 행복해지는 알약.

허虛, 상喪, 망忘의 궁극적 목표

마음을 비운다는 것은 허虛,
마음을 잃어버린다는 것은 상喪,
마음을 잊어야 한다는 것은 망忘,
그것은 단절과 죽음의 잿빛이 아니라
활기의 푸른빛으로 재탄생하는 것이다

그대는 허영과 욕망에 길들었는가
새로운 삶을 길들이는 중인가
아니면 육신을 도려내 가죽을 벗기고
마음을 씻어내 욕망을 버릴 수 있는가

햇볕과 비바람에 시나브로 허물어지는 풍장風葬보다
뜨거운 불꽃에 일순 스러지는 화장이
모든 번뇌와 망상으로부터 빨리 해탈할 수 있는 지름길인가
그것이 정녕 곤鯤으로부터 대붕大鵬으로의 날갯짓인가

그대는 지금 그 길에 들어섰는가
아직도 길을 찾는 중인가
분명한 것은

그대가 가면 길이 되는 것이다

길은 셀 수 없이 많다
길은 어디에 가더라도 있기 때문이다

길은 걸어감으로써 이루어지고 만들어진다면
그대는 정착민이 될 것인가 유목민이 될 것인가

줄기와 기둥은 가늘고 굵기에는 상관없이
둘 다 무엇인가를 버티게 하는 힘이므로
그대 앞에 주어진 것들을 조금의 부족함도 없는 것으로
매력적이고 사랑스러운 존재로 긍정하고 인정하는 겸허한 자세가 바로
허虛, 상喪, 망忘으로부터 진정 자유로워지는 길이다

오줌을 지리다

요실금도 아닌데
아내가 부르는 소리에도 깜짝깜짝 놀라
가끔 오줌을 지릴 때가 있다
나이 들수록 오장육부가 쪼그라드는 것만 아니라
담력도 오그라드는 모양이다
고백하건대
내가 믿는 절대자 앞에서조차
모든 욕망과 두려움조차 무의미하고 덧없는 것임을 알면서도
그것들을 훌훌 털어버리지 못하고 있다
좋은 일과 나쁜 일조차 다 끌어안고 가야 하는 것은
어쩔 수 없는 인간의 숙명이지만
삶은 내내 극렬하고도 무의미한 생존경쟁을 치르다
연기처럼 사라져버린다는 걸 머리로는 알면서도
평생을 괴롭히는 열패감뿐만 아니라
늙음에 따라 오는 가난과 질병과 고독조차
다 끌어안고 가야 할 것이므로
결코, 죽음을 막을 수는 없다
천천히 사는 것뿐*
이제는 죽음조차 사랑해야 할 나이가 되었으니

남은 삶에 더욱 집중해야 한다
다만 한 가지 분명한 사실은
갈수록 오줌 지릴 일이 많아지리라는 것
최선책은 그런 일이 벌어지기 전에 깨끗이 하직하는 일
선운사 동백꽃 모가지 떨어지듯이

* 서울대 최인철 교수.

어느 시인에게

　당신의 시집을 덮는 순간마다 새로운 세계가 환히 열리고
　사념의 올가미가 시나브로 풀립니다

　어쩌면 인생은 빗자루로 마당을 쓸어내듯이
　제 안의 울분과 좌절을 끝없이 털어내려는 것인지도 모르겠습니다

　어느덧 당신 떠나신 나이에 가까워지니
　세상 모든 게 공허하고 부질없다는 생각뿐

　다만 한 번쯤은 태평양 위를 앨버트로스처럼 훨훨 날아가
　이슬라 네그라˙의 바닷가 그 돌집에 내려앉아서

　몇 날 며칠
　흰 파도와 머나먼 수평선을 바라보다 벼락을 맞은 듯 깨어나

　시 한 편을 쓰고 싶습니다

저승에 가서도 부를 절창 한 편을

* '검은 섬'이란 말로 시인 파블로 네루다가 생전에 집필실로 쓰던 돌집이 있는 생의 마지막 안식처. 69세로 타계 후 세 번째 아내 마틸데와 함께 근처 바닷가에 안장됨.

돌을 보듬고 사는 사람들

세상살이가 얼마나 외롭고 고달프면
또 얼마나 많은 사람에게 상처받았으면
개도 고양이도 곤충도 파충류도 어류도 아닌
한낱 돌멩이를 매일매일 정성스레 어루만지며
애지중지 보듬고 사는 사람들
개울가라면 어디든 뒹구는 그 흔하디흔한 짱돌 하나를
이름하여 반려 돌이라는 명성까지 얻게 한 걸 보면
필시 너나없이 살아갈수록 외롭고
점점 더 고달픈 세상살이가 되어감이 분명하다

영춘화 迎春花

봄날의 호스피스 병동 담벼락 위로
빼꼼히 얼굴 내민 연노란 영춘화 한 송이
내 등을 모질게 떠민다
시한부 인생들한테 조심스레 물어보라고,
새봄을 맞이하는 일이 얼마나 큰 축복이며 환희인지를

※ 해 설

사랑 : 타나토스와 에로티시즘 사이에 매개된 존재의 역설

김석준(시인·문학평론가)

1. 글을 들어가며

"죽음조차 사랑해야 할 나이"(「오줌을 지리다」)가 되었다. 이제 어떤 시인으로 남아야 하는가? 무량했고 난망했으며 마침내 좌절의 연속이었다. 생에의 형식 전체가 전혀 예기치 않은 방향으로 탈구된다는 것은 어떤 운명의 타자인가? 이루 헤아릴 수 없이 분노했고 절망의 심연에 이르러 죽음을 응시했으며 종국에는 모든 것을 초월한 존재론적 도약을 몽상하게 된다. 시인이란 저와 같다. 선택의 여지 없이 외길에 들어선다. 아마 그 길은 시인으로 향하는 존재론적 필연이자, 천추의 한으로 남는 어떤 운명의 장난일 것이다.

생각만 해도 눈물이 난다. 뭐랄까? 황원교 시인 앞에 놓인 운명의 시간들은 생이 견디어낼 수 있는 최악상태이거나 아니면 그 모든 절망과 분노와 좌절을 승화의 양식으로 고양시키기를 요구하는 지난한 고난의 여정이다. 아마 특히 자연인 황원교에게 시인이 된다는 것은 깨달음을 갈망하는 구도의 과정일지도 모른다. 특히 금번 상재한 『아직도 시계탑 아래 서 있습니다』는 시와 삶 사이에 매개된 일련의 운명을 연금술적 상상력으로 고양시켜 죽음을 초월한 자기 정화에 도달해가고 있다. 이를테면 시인이 전개한 일련의 시말운동은 앙리 베르그송이 『창조적 진화』에서 말한 엘랑 비탈, 즉 생의 약동을 의식화하고 있는데, 그것은 바로 생의 비탈에서 깨달은 자기 구원의 전언이다.

비록 몸은 자신의 의지대로 움직이지 않지만, 시인은 마음의 문을 열어 세상과 적극적으로 조우하고 있는데, 그것이 바로 절망의 자락에서 터득한 돈오의 순간이다. 때론 실존적 생에의 형식이 직면한 한계 지평을 내밀하게 성찰하면서, 때론 대상의 실존적 가능성을 오감의 전언으로 펼쳐 보이면서, 황원교 시인은 시말의 상상적 지평을 생명의 약동, 즉 치명적 도약의 극적인 순간으로 이끌어가고 있다.

그러나 그러한 시적 열망에도 불구하고 일체의 의미로부터 탈구된 한계적 삶은 시인의 영혼 전체를 지배하는 족쇄로 자리 잡게 된다. 뭐랄까? 시말의 공명음은 끊임없이 실존의 자리로 되돌아와 육체의 속박, 즉 인간학적 한계상황을 반추하게 되는데, 이는 그렇게 살지 않으면 안 되는 숙명의 자리로 되돌아가는 시인의 지난한 생에의 형식, 즉 운명을 맞이한 실존의 자리이다.

어쩌면 시인에게 시말은 자기 숙명과 마주 서는 승화의 목소리이자, 자기 연민을 포월하는 존재의 울림일지도 모른다. 왜냐하면 자연인 황원교에게 시를 쓰는 행위는 진정한 자기에게 다가가는 화해의 포즈이거나 자신의 한계에서 놓여나는 마지막 비상구이기 때문이다. 비록 몸은 마비되어 스스로 통제할 수 없지만, 따라서 매일매일 그 누군가에 의지한 채 하루하루를 어렵사리 견디어내고 있지만, 황원교 시인에게 시란 고난으로 가득 찬 실존적 여정을 상상적 지평의 끊임없는 도약을 통해 화해와 용서에 이르는 사랑의 숭고한 여울이라 아니할 수 없다.

2. 시를 쓴다는 것의 의미

"내리막길"과 "치명적 도약"(「시인의 말」) 사이에 어떤 운명이 매개되어 있는가? 고난의 여정이다. 황원교 시인의 시말길을 좇아가다 보면, 삶의 행로 전체가 고통의 연속이었음을 짐작게 한다. 이를테면 금번 상재한 『아직도 시계탑 아래 서 있습니다』는 전도된 생에의 형식을 사랑의 원리로 봉합하면서, 자신에게 속했던 모든 시간을 포월의 정신성으로 고양시키고 있는데, 이는 참된 시인의 길을 찾아가는 숭고한 존재의 여정이다.

　　　당신의 시집을 덮는 순간마다 새로운 세계가 환히 열리고
　　　사념의 올가미가 시나브로 풀립니다

　　　어쩌면 인생은 빗자루로 마당을 쓸어내듯이
　　　제 안의 울분과 좌절을 끝없이 털어내려는 것인지도 모르겠습니다

　　　어느덧 당신 떠나신 나이에 가까워지니
　　　세상 모든 게 공허하고 부질없다는 생각뿐

　　　다만 한 번쯤은 태평양 위를 앨버트로스처럼 훨훨 날아가
　　　이슬라 네그라의 바닷가 그 돌집에 내려앉아서

　　　몇 날 며칠
　　　흰 파도와 머나먼 수평선을 바라보다 벼락을 맞은 듯 깨어나

　　　시 한 편을 쓰고 싶습니다
　　　저승에 가서도 부를 절창 한 편을

– 「어느 시인에게」 전문

　모든 것을 건다. 시에 모든 것, 즉 삶―시간―세계가 걸려 있다. 아마 그것은 자기와 대면하는 동시에 자기에게 속한 모든 것을 초극하는 절대의 경지일 것이다. "시 한 편"에 시혼이 투사된다. 그 마음 알 것 같고, 왜 시가 전부였는지 이해할 것도 같다. 오늘도 시만 생각하고 시를 쓴다. 아마 동경의 시인 파블로 네루다를 생각하거나 아니면 시혼이 살아 숨 쉬는 뮤즈의 전당 어디쯤을 배회하고 있을 게다. 평생을 두고 좋은 시를 쓰기 위해 노력했다. 이것은 시인의 진실이고, 오늘도 지난한 시살이를 살아낸 삶의 절실한 증거이다. 그러나 문제는 그 절실함에도 불구하고 시와의 대면을 통해서 자기충족요율을 맞추기가 쉽지 않다는 사실이다. 어깨에 힘을 빼고 심호흡도 가다듬으면서 시와 온전히 대면하기를 열망하지만, 그러나 늘 패배하는 쪽은 시인이다.

　시가 전부인 시인에게 시는 존재의 함정이자 자기 환멸을 투사하는 역설의 징후이다. 생이 "시나브로" 점점 이울어 죽음에의 의지가 실현되는 나이에 접어들어 가고 있지만, 따라서 어느덧 시간은 흘러 네루다의 나이에 근접하고 있지만, 도무지 심금을 울리는 "절창 한 편" 쓰기가 쉽지 않다. 아니 시 「어느 시인에게」는 시인의 참된 욕망을 네루다에 견주어 진솔하게 그려내고 있는데, 이는 시의 진실이자 시인의 진실이 표백되는 아름다운 욕망의 순간이다.

　가슴안에 쌓여 있던 "울분과 좌절"이 씻겨 내려가고 "새로운 세계"가 열린다. 말하자면 목숨을 건 치명적인 도약은 "사념의 올가미"에서 놓여나는 시인 특유의 깨달음의 경지인데, 이는 황원교 시인 특유의 상상적 지평이 육화되는 시의 비경이라 하겠다. "앨버트로스"가 되어 "태평양"을 가로질러 파블로 네루다가 시를 쓰던 공간에 가닿고 싶다. 신천옹처럼 상승기류를 타고 날아올라 하루 종일 "이슬라 네그라"의 어디쯤을 배회하면서 시심에 젖어들고 싶다.

　물론 인생에 허여된 시간은 우리 모두를 "세상 모든 게 공허하고 부질없"는 곳으로 데려가 미망의 타자로 몰락하게 만들겠지만, 따라서 시인이 살아온 시살이 전체가 오체투지의 고행과 별반 다르지 않겠지만, 어찌 자연인 황원교가 걸어온 그 길 자체가 시가 아니라고 단언할 수 있겠는가? 황원교가 살아온 시말길은 그 자체로 시이고, 진실이다. 오늘도 "벼락"에 맞은 것처럼 정신의 칼날을 예리하게 벼려 시의 정령과 온몸으로 마주 서고 싶다. 아마 내일은 뮤즈와 만나 존재의 집에 은거하며 아름다운 시말길을 내며 황홀경에 이를지도 모르겠다.

3. 존재론적 비약 : 참된 승화의 길

　시를 사랑하고 섬기다 시가 된 사람, 바로 그가 시인 황원교이다. 시 이외는 달리 존재를 증명할 방법이 없으며 그것이 유일한 삶의 목적이다. 따라서 시를 대하는 시인의 태도는 절실했고, 진정성이 넘쳐났으며 마침내 "모든 오감을 붙들어 두는 일"(「기억과 망각의 힘」)에 몰두해 의식의 혁명에 이르게 된다. 말하자면 금번 상재한 『아직도 시계탑 아래 서 있습니다』는 사랑의 알파와 오메가를 다층적인 존재의 언어로 그려내면서, 이 세계를 시인 특유의 존재의 감각으로 공명시키고 있는데, 이는 참된 승화의 길을 찾아 떠나는 깨달음의 전언, 즉 육체의 한계 너머에서 발화되는 미지의 기호를 시말로 부조시키는 영혼의 울림이다.
　"미처 가보지 못한 그 길"(「지나온 발자국이 모두 봄」) 위에 선 채 삶과 죽음 사이의 거리를 성찰해본다. 그 형식 고하를 불문하고 생의 표현법은 아름답고 죽음에의 행로는 난망하다. 아니 시인의 존재론적 여정 앞에 예비 되어 있는 존재론적 비약은 저주받은 생을 사랑하는 혹은 육체의 감옥에 갇힌 영혼을 해방하는 마지막 탈출구이다.
　사랑의 진실을 찾아 고행의 길을 떠난다. 물론 진리에 이르는 길은 아득했고 깨달음은 요원하기만 했다. 마치 단테의 『신곡』의 베르길리우스와 베아트리체의 지옥, 연옥,

천국에 이르는 사후여행처럼, 황원교 시인에게 '살토 모르탈레'를 외치는 극적인 순간은 자기로부터의 혁명이 완성되는 순간이자, 자기 구원에 이르는 절대의 순간이다.

그렇다면 대저 "선량한 존재"(「신新 묵시록」)란 어떤 의미를 구성하는 존재의 순간이고, 또 "죽음과 영원의 공간"(「미스터리」) 사이에 어떤 진실이 매개되어 있는가? 우주의 구경적 신비에 휩싸인다. 말하자면 황원교 시인에게 존재의 여정은 엘랑 비탈, 즉 존재론적 경이를 체험하는 비의의 순간이자, 자기완성에 이르는 깨달음의 과정이다. 오늘도 시인은 오감의 문을 완벽하게 개방한 채, 자신과 세계의 관계를 새로운 방식으로 정립 중이다.

> 모든 시련과 고난의 강을 건너
> 정화된 생은
> 찬란하게 빛나지 않을 수 없다
>
> ― 「가을밤 2」 부분

> 비록 스스로 풍경에 다가갈 수는 없으나
> 멀쩡한 눈과 귀와 혀를 통해 풍경이 내게로 들어옴으로써
> 또 다른 추상의 세계를 펼쳐놓을 수 있다는 사실이
> 나와 또 다른 나를 아직도 전율케 한다
>
> ― 「로댕의 생각하는 사람에게」 부분

타자에게 이르는 문도 없애고

타자를 내려다보는 언덕도 없애고

고요히 흐르는 강물처럼 서로에게 이르는 길

- 「소리굽쇠」 부분

모든 것을 다 비워낸 "알몸의 성자"(「가을과 겨울 사이를 서성이다」)가 된다는 것은 어떤 의미인가? 공수래공수거空手來空手去. 시 이외에 남길 것이 없다. 그렇다면 시가 전부인 시인에게 생은 어떤 진실을 지시하는 인간학적 징후인가? "생의 진동" 혹은 "죽음의 토네이도"(「독거獨居」). "영혼의 풀잎" 위로 "눈물"로 짜 올린 "아침이슬"이 내린다. 뭐랄까 시인이 전개한 일련의 시말운동은 그의 삶의 서사와 절묘하게 어우러져 생각만 해도 가슴이 쩌릿했고 이루 형언할 수 없는 슬픔이 치밀어 자기연민에 빠지게 만든다.

글을 쓰는 내내 객관화를 시키지 못한 채 감정이 앞서 머릿속이 온통 헝클어진 것 같다. 하물며 글을 쓰는 비평가의 마음도 이러한데, 평생을 육체의 감옥에 갇혀 옴짝달싹하지 못하는 시인의 마음은 어떠했는가는 가히 짐작이 가지 않는다. 아마 저주의 나날이었거나 "시련과 고난"의 연속이었으리라.

뭐라 적확하게 표현할 방법이 없다. 더하여 글은 시인의 마음에 가닿을 수 있는 방법이 없다. 그저 "정신의 칼날"

(「나는 하루에 세 번 무섭다」)을 예리하게 벼려 자기 한계를 극복하는 영혼의 도약만이 시인의 마음을 이해할 수 있는 유일한 삶의 방법이다. 때론 스스로를 달래면서, 때론 "추락의 고통"을 감내하는 "비루한 생"(「단풍나무 아래에서 묻는 11월」)의 형식을 정화의 양식으로 고양시키면서 시인은 "또 다른 나"를 찾아 떠나고 있다.

따라서 황원교 시인은 연금술사처럼 "미지의 신비감"에 젖어 "또 다른 추상의 세계"를 펼쳐 보이게 되는데, 이는 존재론적 "의지와 믿음"이 만들어낸 경이의 세계이다. "풍경"을 끌어와 "뇌와 가슴"에서 촉지한 생생한 의미의 기호를 시말로 발화시킨다. 비록 시인이 살아내는 실존적 삶이 "불운"으로 점철된 "불구"의 "답답한 현실"이지만, 따라서 육체의 한계가 곧 존재의 한계를 결정하는 것처럼 비추어지기도 하지만, 어찌 시인이 형상화해 낸 일련의 시말운동이 전인미답의 길이 아니겠는가?

"이심전심의 교감"을 통해 "허황한 수사"를 벗겨냈으며, 마침내 인간학적 진실이 "타자와 반응"하는 "공명" 현상임을 깨닫게 된다. 말하자면 이제까지 살아낸 모든 시간은 "진정한 관계"가 만들어낸 교감인데, 이는 "타자"라는 장벽을 "마음의 들음"과 "기의 들음"으로 공명시켜 상호 이해에 이르는 사랑의 교감이다.

나였던 그 아이는 어디 있을까

아직 내 속에 있을까 아니면 사라졌을까?

한낮의 태양에 숨어버린 무수한 별들과

촘촘한 구멍의 달빛 그물에 걸려

옴짝달싹 못 하는 밤의 새와 물고기들을 생각하며 나는

마지막 남은 순례자처럼 칠흑 같은 지구를 산보한다

왜 우리는 다만 헤어지기 위해 자라는데

그렇게 많은 시간을 썼을까?

그 시절로 다시 돌아갈 수도 돌아가고도 싶지 않은 밤

서편 하늘 어둠 속에서 가장 빛나는 별을 나침반 삼아

배밀이 하는 여리디여린 길짐승처럼

얼마 남지 않은 시간의 길을

발뒤꿈치 들고 살금살금 걷는 중이다

— 「타블라 라싸」 전문

결국 삶이란 나에게서 시작해서 나에게로 되돌아가는 과정에서 만난 무수한 변화의 사태이지, 특별한 그 무엇이 아니다. 말하자면 시 「타블라 라싸」는 백지 위에 써 내려간 한 인생에 대한 일종의 회고록이자, 반성문인데, 이는 열역학 제2 법칙에 지배를 받는 인간학적 운명을 단 일회의 존재론적 운동으로 성찰하는 일종의 자기예언서이다. 물론 아쉽고 후회막급한 삶을 살았다고 단정적으로 말할 수도 있지만, 그것으로 족했고, 또 최악의 상황에서 최선의 삶을 살아낸 것 같다.

그러나 그럼에도 불구하고 여전히 허전하다. 그러나 뭔지 모를 마수에 걸려 슈베르트의 〈미완성교향곡〉처럼 늘 미완의 과제를 부여받은 느낌을 지울 수 없다. 존재의 "구멍"에 빠져 허우적이며 허송세월했다고 믿었기 때문일지도 모른다. 아니다. 내 안의 젊었던 나는 이미 낡고 늙어 "얼마 남지 않은 시간의 길"을 걷는 과객이 되었을 뿐만 아니라 종국에는 "마지막 남은 순례자"가 되어 깨달음의 길에 들어서게 된다.

시간의 본성은 저와 같고, 삶은 늘 그렇듯이 시간이 만들어놓은 선율 앞에 전전긍긍하며 "나였던 그 아이"의 향방을 추적 중이다. 무릎을 탁 친다. 아마 돈오의 순간이거나 삶의 지혜에 이른 순간일 게다. 그러나 매번 허방에 휘둘린 채 존재의 길을 잃는다. 무엇이 잘못되었고, 어떤 길이 바른길인지 전혀 모른 채 시간 앞에 내몰린다. 왜냐하면 인간에게 주어진 하얀 여백의 존재성은 미망의 덫에 포획된 "새와 물고기"와 별반 다르지 않기 때문이다. 따라서 산다는 것은 아름답게 보이는 "달빛 그물"에 걸려 길을 잃고 헤매는 환상이거나 "칠흑 같은 지구를 산보"하는 무위의 행위일지도 모른다.

오늘이 사라진다. 나는 어떤 시인이어야 하는가? 시 「타블라 라싸」는 금번 상재한 『아직도 시계탑 아래 서 있습니다』의 프롤로그이자 인간학적 삶 전체를 회감하는 에필로그이기도 한데, 이는 우리 모두의 시간을 정의하는 참된 존재론, 즉 인간학의 총체적인 모습을 성찰하는 시간의 여율이다. 이제 잔여의 시간이 얼마 남아 있지 않다. "가장 빛나는 별"을 바라보며 "살금살금" "발뒤꿈치 돌고" 그저 간신히 생명줄 부여잡고 내일의 시를 쓰고 있다.

> 비로소 그 길을 벗어나 불쑥 맞이하는 죽음은
> 삶의 고통에서 영원히 해방되기 위해서
> 반드시 거쳐야 할 신성한 통과 의례이며
> 신비 가득한 생명의 순환 사이클로 실존한다
> – 「살토 모르탈레」 1 부분

> 과연 우리의 남은 생애에서
> 마주쳐야 할 고통과 시련은 얼마나 더 남아 있으며
> 그것들은 인내하고 감당할 가치가 있는가를 염려한다면
> 시간의 모래 위에 불멸의 발자국 남기는 일을
> 절대 포기할 수 없다

― 「살토 모르탈레」 2 부분

언제나 내적 확신으로 가득 찬 영혼을 가진 자에게
죽음이 두렵지 않은 것은
일상 자체가 목숨을 건 도약이기 때문이다.

― 「살토 모르탈레」 3 부분

'카르페 디엠'을 되뇌다, 자신도 모르게 갑자기 '살토 모르탈레'를 외친다. 아마 그것은 '타블라 라싸' 위에 새겨진 '아모르 파티', 즉 운명애가 전개되는 아주 극적인 순간이었을 게다. 가볍게 "폴짝" 뛰어넘어 전혀 예기치 못한 생을 살아낸다. 아마 그것은 운명이 만든 우연의 장난이거나 카프카의 『변신』처럼 갑충 그레고리 잠자의 반항적 삶일지도 모른다. "좁은 방"에 갇힌다. 차라리 그것은 미필적 고의 가득한 운명의 족쇄이자, 외통수로 옭아맨 어떤 절대의 경지이다.

운명이 뒤바뀐 채 전혀 다른 삶을 살아가게 된다. 물론 운명의 뒤바뀜으로 인해 여러모로 불편한 점이 너무도 많지만, 차라리 그것은 자기로부터의 혁명이 실현되는 반어적인 순간이거나 육체에 사로잡힌 의식을 전복하는 칸트의 코페르니쿠스적 전회의 순간일지도 모른다. 하루하루가 고난의 연속이다. "매 순간 장애물을 만나는 난관투성이" 삶이었고, "죽음"만이 문제를 해결해 줄 수 있는 극한의 삶이라고 생각했다. 따라서 그러한 삶의 행태는 아무짝에도 쓸모없는 육체와 벌이는 치열한 신경전이거나 자기를 포기하는 존재의 여정이었을 게다.

다시 폴짝 건너뛰어 시간 저 너머로 초월하거나 아니면 생이 아니었던 순간으로 되돌아가고 싶다. 그러나 "단호한 어조"로 인생사 전반에 걸쳐 말하지만, 달리 뾰족한 수도 별다른 해결 방법도 없다. 그저 목숨이 붙어있기에 그냥저냥 살아내면서 시를 쓰는 것 이외에는 목적도 없고, 의지도 없다. 대저 육체에 갇힌 의식이 할 수 있는 의지란 어떤 것이며 왜 시인은 '살토 모르탈레'를 천명하는가?

육체의 한계를 넘어선다. 더불어 "죽음을 성찰"하면서 존재의 역설적인 면모를 응시한다. 말하자면 황ग्रे교 시인에게 치명적인 도약을 의미하는 '살토 모르탈레'는 죽음의 기호가 사랑의 기호로 전복되는 극적인 순간이기도 한데, 이는 정신의 힘으로 자기 한계를 넘어서는 존재론적 "해방"의 순간이다. 시인은 갈매기 조나단 리빙스턴 시걸이다. 시인은 "시련과 난관"으로 중층결정된 "내일"의 "고통"을 기꺼이 받아들이면서 "신비 가득한 생명의 순환"을 몸소 체득하게 된다. '살토 모르탈레'. 마음의 힘으로 시간과 공간을 초월한 갈매기의 꿈처럼, 시인은 앨버트로스가 되어 자기로부터의 혁명을 완수하게 된다.

사랑하고 싶다. 사랑은 현재의 시인을 만든 알파와 오메가이자, 육체의 한계를 초극하게 만든 영혼의 자양분이다. 다시 또 '살토 모르탈레'를 간절하게 외친다. 이제 남은 일은 "시간의 모래 위에 불멸의 발자국"을 색인하는 일과 더불어 사랑하는 일뿐이다. '남은 날들을 사랑하게 하소서! '살토 모르탈레'. 더불어 이 세계가 사랑과 그의 힘으로 이루어진 상생의 공간임을 증명하소서!' 이제 막 육체의 한계에서 벗어나 심혼의 사랑, 즉 "자기 욕망"의 한계를 실험하는 사랑을 온몸으로 체감하게 된다.

이제 막 "목숨을 건 도약"이 시작됐다. "사랑의 깊은 늪"에 빠져 황홀경에 이른다. 조르주 바타이유 식의 에로티시즘, 즉 죽음까지 파고드는 사랑에 비로소 눈을 뜨게 된다. 아담이 눈을 뜰 때처럼 말이다.

4. 사랑의 저쪽 혹은 리비도라는 판타지

이제 막 사랑에 눈을 뜬다. 처녀림이다. '살토 모르탈레!' 단 하나의 치명적인 계기가 운명 전체를 바꾸어버린다. 비트겐슈타인이 말한 것처럼, 이 세계는 사태, 즉 이러저러한 사건·사고들이 얽힌 우연한 사태들의 총합이다. 필연이 우연을 가장한다. 0.0001초라는 시간이 운명을 가른다. 말하자면 황원교 시인의 『아직도 시계탑 아래 서 있습니다』에 묘파된 일련의 서사는 후회와 아쉬움과 연민의 감정을 사랑의 여율로 포월하고 있는데, 이는 절망의 자락에서 피어난 깨달음의 전언이다. 대저 사랑과 환상 사이의 거리는 얼마만큼이며 우리는 왜 사랑의 실물을 환상 속에만 재차 확인하게 되는가?

실재는 공포스럽고, 삶의 현재는 우유부단하고 타협적이다. "큰 도약"(「스트롱한 첫 발자국」)을 해야 한다. 주어진 시간에 순응하며 하루하루를 무량하게 견딘다. 말하자면 황원교 시인에게 삶은 자기 욕망에 충실한 사랑의 이쪽이 아니라, 분노와 좌절로 점철된 사랑의 저쪽이다. 그냥 산다. 그냥 시와 더불어 "미래"(「포시도니아」)의 시간 전체를 "첫 도약"(「겨울밤은 길고 퍼렇다」)의 순간으로 상상하면서 지난한 하루하루를 견딘다. 때론 "발랑 까진 세상"(「까고 있다」)을 "평화의 거울"(「거울 사막」)로 조망하면서, 때론 "무지몽매하고 보잘것없는 존재"(「범종 소리로 날아든 뻐꾸기」)를 "사랑의 불꽃"(「가난한 사랑의 역사」)으로 포월하면서, 시가 곧 존재의 집, 즉 사랑의 전언임을 증명하고 있다.

물론 시인이 전개한 일련의 시말운동이 "불멸의 말"(「말의 시작」)을 찾아 떠나는 존재의 운동이지만, 따라서 삶의 목적 전체가 "우주의 생명나무"(「입춘첩立春帖」)에 기입된

"존재론적 경이"(「바람피리」)를 존재의 집에 응고시키는 것이지만, 어찌 그것만이 유일한 존재의 목적이겠는가?

황원교 시인을 떠받치는 삶의 중심축은 바로 사랑이다. 설령 오늘을 살아가는 현재가 여전히 "생의 고달픔과 괴로움"(「소금 자국」)을 확인하는 고통의 장소이기는 하지만, 따라서 시인의 의식 속에 자리 잡은 "절망의 크기와 심연"(「고양이와 잔나비와 나비」)이 너무 넓고 깊어서 "슬픔" "꽃"(「녹음과 빨간 장미」)이 "분노의 화산"(「지구의 목소리」)처럼 가슴 한복판에 응어리져있지만, 그러나 시인에게 사랑은 그 모든 절망적 징후를 극복·승화시킬 수 있는 본원적인 힘이다. 리비도라는 사랑꽃이 피어 시인을 치명적인 도약에 이르게 만든다. 이제 막 사랑에 눈을 떠 감각의 제국을 건설하게 된다.

> 만성 계절병이 재발하는 봄날
> 욕정은 푸른 정맥에 주사된 히로뽕처럼 온몸의 모세혈관을 따라
> 말초신경 끝단까지 퍼져나간다
>
> 육체란 단지 먹고 마시고 배설하는 도구로써 존재할 뿐
> 목욕할 때마다 차례로 옷가지들이 벗겨진 채
> 알몸을 드러내는 일이 수치스럽다기보다는

차라리 치욕의 극단까지 가보자는 데에

　　내 안의 또 다른 욕망이 꿈틀거린다

　　버림받은 알몸의 육체 속에서

　　영혼의 첼로 줄들이 들쭉날쭉한 파동으로 떨고 있다

　　아니다

　　페로몬에 흥분한 수사자 한 마리가 내 안에서

　　연신 으르렁 으르렁거리고 있다

　　　　　　　　　　　　　　　－「만성 계절병」 전문

　치명적인 사랑은 봄에 온다. 둔중하게 "첼로"의 현이 울리자 몸 악기가 연주된다. 요요마 아니면 로스트로포비치와 공명 중이다. 어떤 생이어야 하는가? 생에의 원칙은 존재하는가? 아마 "욕망"이 있는 한 삶은 지속될 것이고, 아직도 꿈틀대는 리비도의 어디쯤을 응시하며 살아 있음을 확인 중일 게다. 특히 시 「만성 계절병」은 존재론적 운명 저 너머에서 꿈틀대는 "페로몬" 냄새 짙은 "욕정", 즉 "육체"의 향연을 꿈꾸는데, 이는 풋풋한 "봄날" 청춘에 대한 아름다운 노년의 몽상이다. 다시 말해서 지금은 낡고 늙어 점점 추레하게 변해가는 노인의 모습을 하고 있지만, 어찌 "용오름 하는 날"(「스카이 댄서」)의 "꿈"(「낮잠 속의 꿈」)과 사랑을 포기할 수 있겠는가? 젊은 날의 호기심과 쾌락을 충족시키는 "몽정과 수음"(「구닥다리 팬덤」), 즉 "봄의 화냥기"(「강을 건너는 바람」)는 그 자체로 "영혼"의 울림이 탄주되는 존재의 아름다운 양식이다.

첼로의 현이 강렬하게 울려 오감을 자극한다. "내 안의 또 다른 욕망이 꿈틀거린다". 그것은 바로 사랑, 즉 살아 있음을 증명하는 욕망하는 주체의 또 다른 모습이다. 리비도 혹은 '살토 모르탈레'. 이제 막 '카르페 디엠'을 연호하며 사랑의 환상이 시작된다. 아니 역으로 그것은 눈앞에 현전하는 사랑의 실물이거나 욕망의 현재 상태이다. 따라서 "온몸의 모세혈관"을 일러 세우는 감각적인 육체의 사랑은 금기의 대상이 아니라, 자기를 확인하는 존재 증명의 한 양상이다. 이를테면 "말초신경 끝단까지 퍼져" 가는 저 강렬한 사랑의 향연, 즉 육체적 쾌락은 부정의 대상이 아니라, 삶이 지향하는 아름다운 존재의 한 국면이다.

목숨이 붙어있는 한 사랑하고 싶다. 특히 화창한 봄날 "만성 계절병"처럼 도지는 저 사랑에의 욕망은 인간이면 누구나 다 가지는 아름다운 욕망이다. 더불어 이 세계의 사랑은 영과 육이 함께 하는 곳에서 완성되며, 그것을 통해서 사랑에의 환상은 불능을 가능으로 역전시키고 사랑의 실물을 눈앞에 현전시키게 된다. 마치 "봄날"의 안온한 환상처럼 "히로뽕"이나 모르핀과 같은 마약에 중독된 사랑 한번 해보고 싶다. 육체의 향연, 즉 "탐욕과 쾌락"의

"하렘"(「돈오頓悟 2」)에 빠져 온몸으로 향락의 주체가 되고 싶다.

역설적이게도 존재의 목적은 영원한 쾌락을 지향하는 에로스를 통해서 추구되는데, 이는 일장춘몽과 같은 헛된 망상이나 실현 가능하지 않은 극단의 욕망을 구체화하는 곳에서 생성된 에로티시즘의 극단적 형식이다. 때론 "치욕의 극단"을 사랑의 극단으로 변이시키면서, 때론 생이 지속되는 한 추구해야 할 최고의 가치를 주이상스jouissance라고 간주하면서, 황원교 시인은 사랑의 향유를 삶의 본질로 드러내 보이고 있다. 아마 오늘도 시인은 헤밍웨이의 노인처럼 "연신 으르렁 으르렁"거리며 "수사자" 꿈을 꾸며 자기 욕망의 현주소를 진솔하게 드러내고 있다.

아! 사랑하는 그녀와 강렬하면서 달콤한 사랑에 빠져들고 싶다.

>따사로운 햇살이 꽃을 피우고
>바람이 그 꽃을 흔드는 날
>나를 활짝 피어나게 하고
>무시로 가슴 떨리게 하는 것은
>바로 당신
>
>―「연쇄반응」 전문

곤鯤이나 붕鵬처럼 한곳에 머물지 않고 웅장하게 "유목민의 삶"(「21세기의 장자」)을 살고자 했으나, "사랑의 상처"(「참 알다가도 모르는 일」)를 받고 단 두 걸음 밖의 세상으로 나아가지 못하는 신세가 되었다. 그러나 그러한 현실에도 불구하고 사랑하고 싶다. 황량한 "가슴"이 뜨거워지고 설렌다. "따사로운 햇살" 때문인가? 아니면 "바람" 때문인가? 이도 저도 아니면 "바로 당신"이라는 타자 때문인가? 시 「연쇄반응」은 환멸로 가득했던 가슴에 리비도의 현을 공명시켜 몸 악기를 사랑의 여울로 탄주하는 극적인 순간을 형상화하고 있다.

당신이 나에게로 왔고, 당신과 더불어 온몸을 다해 사랑하고 싶다. 들뢰즈가 『매저키즘』에서 말한 것처럼 시인의 사랑은 상호 이해와 합의가 만들어낸 황홀경인데, 이는 아무런 조건이나 제약이 필요 없는 곳에서 생성된 순수한 욕망의 합일이다. 이를테면 황원교 시인에게 사랑은 육체의 한계를 넘어선 곳에서 생성된 치명적인 도약인데, 이는 사랑 그 자체를 사랑하는 순정한 마음, 즉 "당신"이라는 타자가 내게로 온 순간에 비로소 완성된 사랑이다.

사직동 도로 한가운데 시계탑 아래를 지나가는 순간,
문득 지금껏 만나고 헤어진 사람들과의 인연을 떠올리다
나도 모르게 왈칵 눈물이 터졌으나

앞자리에 탄 아내는 끝내 모른다

    -「아직도 시계탑 아래 서 있습니다」 부분

연인과 걸으면 이별할 거란 풍문처럼

그 길을 몇 번 걷고 난 뒤에

나 역시 그녀와 이별을 하고 말았다

설사 또 그런 아픈 추억을 만든다 하더라도

마음속에 예쁜 청사초롱 하나 밝혀 들고

다리 아프도록 지쳐 쓰러질 때까지

꼭 다시 걸어보고 싶은 길

    -「추억의 덕수궁 돌담길」 부분

 "생존의 몸부림", 즉 삶의 "비극"(「가까이 보는 운명이란 극劇」)을 잊고 사랑에 몰입하고 싶다. 아마 첫사랑의 추억이거나 미완으로 끝난 아련한 사랑의 저쪽이었을 게다. 말하자면 금번 상재한 『아직도 시계탑 아래 서 있습니다』는 "고달픈 세상살이"(「돌을 보듬고 사는 사람들」)와 "생의 덧없음"(「저승꽃」)을 사랑의 여율로 공명시키면서, 이 세계가 "진정한 의미"(「아무도 물어가지 않을 말」)의 "평화"(「망자에게 보내는 편지」)가 이루어지는 사랑의 공간을 증명해 보이고 있다.

때론 "요사스러운 상상"(「디오라마 속의 박제 사자」)이 만들어내는 욕망의 환상을 향유하면서, 때론 "영혼의 씨앗"(「아직도 사랑에 목이 탄다」)이 흩뿌린 숭고한 사랑의 여울을 공명시키면서, 시인은 인간학 전체가 "낭만과 여유"가 넘쳐나는 "아름 슬픈 추억"의 서사와 긴밀하게 결속되어 있음을 드러내 보이고 있다. 특히 시 「추억의 덕수궁 돌담길」은 사랑과 "이별"의 서사를 "행복과 절망" 사이에 매개된 "시간" 그 자체의 운동으로 간주하면서, 자신에게 속한 모든 것들을 숙명의 시간으로 서사화하고 있다. 시인은 아직도 혈기 왕성하게 청춘을 구가했던 "청량리역 시계탑 아래" 머문 채 "만나고 헤어진 사람들과의 인연"들을 회상하면서 사랑의 인연법이 만들어낸 참된 의미를 성찰하고 있다.

> 마침내
> 두 사람의 들숨과 날숨이 일치하는 순간,
> 그 숨소리는 관현악의 오보에처럼
> 중심음으로서 육신과 영혼의 아름다운 화음을 이끌어가고
> 서로의 눈동자에는
> 도무지 억제할 수 없는 천둥·번개 같은 정열의 섬광들이 번득이며

혈관마다 뜨거운 열기로 펄펄 끓어올라

찬란한 광채로 빛나는 보랏빛 행복에

눈 멀고 귀 멀 지경이었다

- 「Y를 기억하는 법」 전문

사랑의 저쪽이 고통으로 점철된 환멸의 세계라면, 사랑의 이쪽은 너와 내가 살가운 정 나누며 오나니를 주고받은 황홀경의 세계이다. 특히 시「Y를 기억하는 법」은 사랑의 합일의 순간을 "보랏빛 행복"이라 간주하면서 사랑의 오케스트라가 탄주되는 극적인 순간을 아름답게 묘사하고 있다. "오보에"의 선율이 격정적인 두 남녀의 사랑을 리드했으며 마침내 "들숨과 날숨이 일치하는" 절묘한 조화를 포착하기에 이른다. 이를테면 황원교 시인에게 성은 외설스럽고 추한 욕정의 지대가 아니라 이 세계를 떠받치는 사랑의 "아름다운 화음"이다. 마치 "육신과 영혼"이 "정열의 섬광"을 타고 "뜨거운 열기"로 활활 타올라 음과 양이 완벽한 합일의 지점에 이르는 것처럼, 사랑의 완성은 자기완성의 결과이자 가장 완벽한 황홀경에 이르는 열락의 순간이다. 특히 시인은 탄드라 밀교가 지향하는 깨달음의 영역, 즉 정신의 수행과 성적 의식을 상호 동일한 지평으로 융합시켜 니르바나에 도달하는 것 같다.

활활 타오르는 동안은 새까맣게 모른다

언젠가 숯덩이와 재가 되어

가뭇없이 사라질 것이란 걸

아, 그리운 자궁이여!

타오르는 불덩이들로 흐르는 저 은하수를 건너

절대 자유와 절대 고독의 너에게로

우리 모두 다시 돌아가리라

― 「타오르는 별」 전문

 사랑은 죽음까지 파고드는 삶의 극단적 형식, 즉 조르주 바타이유 식의 에로티시즘이다. "죽음의 데자뷰"(「캣츠아이 성운星雲」) 혹은 "죽음의 기억"과 "탄생의 기억"(「새벽꿈에 아버지를 만나다」) 사이에 매개된 "널브러진 주검"(「2022년 핼러윈데이」). 사랑의 황홀했던 이쪽은 어느새 시간의 소멸과 함께 점점 이울어 "숯덩이와 재"만 남기게 된다. 말하자면 강렬했던 사랑의 열기는 핵융합반응이 끝남과 동시에 차갑게 식어 백색왜성이 되거나 고밀도로 응축되어 블랙홀이 되는데, 이는 "가뭇없이 사라질" 이 우주별의 슬픈 운명, 즉 인간학적 삶의 현실이다.

 그러나 그러한 존재론적 운명에도 불구하고, 시 「타오르는 별」은 사랑의 영원회귀를 노래하고 있는데, 이는 물리력 너머에 존재하는 생명력 넘치는 고귀한 사랑에의 열망이다. 대략 태양계의 존속 시간은 50억 년으로 추정되지만, 따라서 태양의 수소와 헬륨의 핵융합반응 종료와 함께 차디차게 식어 우주 종말에 이르겠지만, 황원교 시인은 "그리운 자궁", 즉 영원한 생식력을 사랑의 원리로 고양시키면서 절대성을 응시하고 있다.

다시 말해서 시인은 지치거나 꺼질 줄 모르는 "타오르는 불덩이"가 되어 영원한 생명의 수호신이 되는데, 그것이 바로 "은하수" 건너에 존재하는 "절대 자유와 절대 고독"의 참모습이다. 때론 사라지는 것의 끝내 사라지지 않음을 노래하면서, 때론 니체의 영원회귀를 몽상하면서, 황원교 시인은 "우리 모두 다시 돌아가리라"고 선언하며 시간의 운동 전체를 사랑의 여울로 역류시키고 있다.

> 지금껏 내 손으로
> 아내의 손발 한번 닦아준 적 없고
> 따뜻한 밥 한 끼 해준 적 없네
>
> 아내가 십수 년 몹쓸 병을 앓을 때마다 먹은 걸 토하고
> 온몸의 살과 뼈가 녹는 듯 아프다며 방안을 데굴데굴 구르는 것도 모자라

아침마다 베갯머리에 머리카락 한 움큼씩 빠져나가도
새카맣게 모른 채
나는 밥 잘 먹고 잠도 잘 잤네

그렇게 아내가 몇 차례 중병에 걸려 사경을 헤맬 때도
나는 여전히 밥 잘 먹고 잠도 잘 자고 오줌똥도 잘 쌌고
아내는 그런 나를 서방이라고 모시며
뒤처리까지도 마다하지 않았네

이제 나이 들어 점점 죽을 날이 다가오니
지난날을 뼈아프게 반성하며 후회의 눈물 찍어내지만
내 손으로 직접 아내의 손발 한번 닦아주고
따뜻한 밥 한 끼 해주고 싶어도 할 수가 없네

다음 생에 멀쩡한 몸으로 다시 만날 수 있다면
그때는 내가 아이 낳고 밥하고 빨래하고 청소도 하는
사느라 바쁘든가 죽느라 바쁘든가 하는
그의 억척스러운 아내가 되고 싶네

－「오래된 소원」 전문

가슴이 뭉클했다. 더불어 사랑의 힘이 존재의 힘임을 다시 한번 실감했다. 특히 시 「오래된 소원」은 시인의 내면

풍경을 가감 없이 드러내 보인 진정성이 넘쳐나는 아름다운 작품인데, 이는 사랑이 도달할 수 있는 최고의 경지이다. 강렬한 열정의 지대를 지나 상호 동지애가 형성되었으며 마침내 역지사지, 즉 참된 이해의 경지에 이른다.

엄밀하게 말해서 참으로 좋은 시는 비평이 필요 없고, 더 이상의 설명이 필요 없는 시, 그 자체의 진정성이 묻어나는 삶의 진실이다. '살토 모르탈레'. 기적이 일어났으면 좋겠다. 아니 시인의 "오래된 소원"이 이루어져 "아내"로 다시 태어나 아들딸 낳고 "밥하고 빨래하고 청소도 하는" 몽상에 젖어든다.

그러나 몸이 아픈 아내를 위해 해줄 수 있는 것이 아무것도 없다. 아니 시인의 '살토 모르탈레'는 시를 써서 사랑의 마음을 표현하는 것 이외에 별다른 방법이 없다. 시 「오래된 소원」이 눈물 나게 감동적인 이유가 여기 있는데, 그것은 바로 가능이 아니라 불능 위에서 용솟음치는 사랑에의 마음 때문이다.

혼자 힘으로 거의 몸을 움직일 수 없는 남편과 "십수 년 몹쓸 병"을 앓으며 남편 수발드는 아내 사이의 사랑은 보통 남녀의 사랑을 훨씬 초과하는데, 이는 사랑을 사랑하는 마음이 아니고서는 불가능한 사랑의 형식, 즉 봉사와 희생정신이 매개된 인류애의 경지이다. 그리고 이러한 사랑의 마음은 시인의 소원으로 승화·고양되는데, 이는 현생이 아니라 내생, 즉 "다음 생에 멀쩡한 몸으로 다시" 태어나는 순간에만 가능한 순정한 사랑의 의식이다.

하루하루가 고난의 여정이다. 다시 말해서 하루하루 실천해가는 사랑의 안쪽은 늘 시중받으며 미안한 마음이 드는 남편과 아픈 몸 이끌고 모든 "뒤처리"를 말끔하게 해내는 아내 사이의 교감이다. 뭐랄까. 한쪽(남편)이 "반성"과 "후회의 눈물"로 이루어낸 통한의 나날들이라면, 다른 한쪽(아내)은 십수 년을 묵묵히 자신의 소임을 다하며 이 세계가 사랑의 알파와 오메가로 구성되어 있음을 증명해 보이고 있다.

물론 황원교 시인은 온전하지 못한 몸으로 인해 "중병에 걸려 사경"을 헤매는 "아내"를 위해 "따뜻한 밥 한 끼 해준 적"도 "손발" 한번 닦아준 적도 없다. 시인 앞에 던져진 삶의 현실은 불능 그 자체이다. 시 「오래된 소원」이 감동적인 이유가 여기 있는데, 이는 시인이 살아낸 삶―시간―세계가 자기 혼자만의 서사가 아니라, 아내와 엮어낸 고난이 시살이었다는 점이다. 아내가 없다면 삶도 없고 시도 없다.

이를테면 시인에게 아내는 시말운동이 생성되는 뮤즈의 전당이자 자신의 실존이 걸린 이 세계의 모든 것이다. 물론 시인의 소망이 내생에 다시 태어나 아내는 남편으로 시인은 "억척스러운 아내" 되어 알콩달콩 깨 볶으며 행복하게 사는 것이지만, 따라서 「오래된 소원」은 너무도 인간적인 인륜성, 즉 시인의 사랑이 육화되는 절절한 마음이 표백된 숭고한 정신성을 대변하는데, 이는 이 세계를 떠받치는 상생의 여울이다.

인류 멸망의 순간까지도
사랑은 위대하고 경이로울 수밖에 없으리라
— 「퍼햅스 러브」 부분

5. 글을 나오며

황원교는 시다. 그가 살아낸 삶이 기적의 시가 아니라면 이 세상 모든 시는 가짜다. 어떤 마음으로 살아왔고, 시가 어떤 의미를 표현하는 목적의 대상인지 이제는 알 것도 같다. 아마 시인은 존재의 집 여기저기 배회하면서 "진정 자유로워지는 길"(「허虛, 상喪, 망忘의 궁극적인 목표」)을 찾아 떠나는 숭고한 사랑의 여정이었을 게다. 때론 분노의 감정을 억누르면서, 때론 시적 황홀경에 빠져들면서, 시인은 이 세계가 위대한 사랑의 서사로 육화되어 있음을 깨달아가고 있다.

> 봄날의 호스피스 병동 담벼락 위로
> 빼꼼히 얼굴 내민 연노란 영춘화 한 송이
> 내 등을 모질게 떠민다
> 시한부 인생들한테 조심스레 물어보라고,
> 새봄을 맞이하는 일이 얼마나 큰 축복이며 환희인지를
> ―「영춘화迎春化」 전문

존재는 아름답고 생에 속한 모든 것들이 찬미된다. 그냥 좋다. 서정주의 「문둥이」를 읽는 것처럼, 생의 시간 전체를 좌망하는 듯하다. 그러나 서정주의 그것은 모두 가짜였고, 황원교의 시말운동은 진짜다. 시인에게 시가 이 세계를 사랑하는 방법이 아니라면, 그 모든 시는 거짓 진술이다. 서정주의 그 모든 아름다운 진술이 역사의 심판 앞에 자유로울 수 없는 이유가 여기 있는데, 서정주는 한 번도 진정성을 시 속에 내파시킨 적이 없기 때문이다.

그러나 황원교의 진술은 아름다움을 초극하는 삶, 그 자체의 진정한 진실이다. 뭐랄까. 시인이 구구절절이 토해내는 피울음은 중세의 연금술사처럼 자기 정련과정을 통해 사랑의 승화를 이룩하게 되는데, 그것이 바로 황원교 시만이 가질 수 있는 아름다운 미덕이다. 그러나 그러한 사실에도 불구하고 삶과 죽음 사이의 거리는 너무 멀고 아득해 모든 인간학적 진실을 무위로 되돌려 보낸다는 사실만

을 간과해서는 안 된다. 무던히도 노력했고, 주어진 삶의 현실 속에서 최선을 다했지만, 결국 인생은 한낱 일장춘몽일지도 모른다. 분명 생의 많은 시간이 후회와 분노의 나날이었지만, 역설적이게도 시인은 그 모든 나쁜 징후를 사랑의 여울을 공명시키면서, 참자유를 향해 도달해가고 있다. '살토 모르탈레'를 외치며 또 다른 의미의 생을 구축하고 있다. 아마 지금 황원교 시인은 갈매기 조나단 리빙스턴 시걸이 되어 마음의 힘으로 공간이동을 하고 있는지도 모른다.

> 죽으면 가뭇없이 잊힐 게 뻔하여
> 어떻게 해서든 영생의 길을 찾아서
> 불멸의 존재로 남으려 무진 애를 쓰고 있으나
> 그것은 애초부터 지난한 일
> 　　　　　　　　　　　　－「여항閭巷의 밤 풍경」부분

상상인 시선 051

황원교 시집

아직도 시계탑 아래 서 있습니다

지은이 황원교

초판인쇄 2024년 9월 19일 **초판발행** 2024년 9월 25일
펴낸곳 도서출판 상상인 **편집주간** 황정산 **펴낸이** 진혜진
표지디자인 최혜원 **기획·마케팅** 전은빈 최유림 노혜림 정현수
책임교정 종이시계 **편집** 세종PNP
등록번호 제572-96-00959호 **등록일자** 2019년 6월 25일
주소 06621 서울시 서초구 서초대로74길 29, 904호
전화번호 02-747-1367, 010-7371-1871
팩스 02-747-1877 **전자우편** ssaangin@hanmail.net

ISBN 979-11-93093-65-8 (03810)

값 12,000원

* 이 책은 한국장애인문화예술원의 후원을 받아 2024년 장애 예술 활성화 지원사업의 일환으로 발간되었습니다.

* 이 책은 전부 또는 일부 내용을 재사용하려면 반드시 저작권자와 도서출판 상상인의 동의를 받아야 합니다

* 이 도서의 국립중앙도서관 출판시도서목록(CIP)은 서지정보유통지원시스템 홈페이지(http://seoji.nl.go.kr)와 국가자료공동목록시스템(http://www.nl.go.kr/kolisnet)에서 이용하실 수 있습니다.